毕家祯 著

安庆读书人家

上海大学出版社

图书在版编目(CIP)数据

安庆读书人家/毕家祯著. -- 上海：上海大学出版社, 2024.9. -- ISBN 978-7-5671-5018-8

Ⅰ. K825.4

中国国家版本馆 CIP 数据核字第 2024X0C411 号

责任编辑　陈　强
封面设计　倪天辰
技术编辑　金　鑫　钱宇坤
封面摄影　何祯辉

安庆读书人家

毕家祯　著

上海大学出版社出版发行
（上海市上大路99号　邮政编码200444）
（https://www.shupress.cn）　发行热线021-66135112
出版人　戴骏豪

*

南京展望文化发展有限公司排版
上海新艺印刷有限公司印刷　各地新华书店经销
开本710mm×960mm　1/16　印张26　字数326千
2024年9月第1版　2024年9月第1次印刷
ISBN 978-7-5671-5018-8/K·291　定价　88.00元

版权所有　侵权必究
如发现本书有印装质量问题请与印刷厂质量科联系
联系电话：021-56683339

毕家祯

幼年读书皆有趣,一生浸润文墨气。到老不知罗绮香,笔下文辞风采异。
骨坚气雄心性高,读书不辍乃英豪。国学深奥多遐思,掘尘发璞得其妙。
明月悬窗夜风凉,孤灯照书三更寒。作赋常与班马争,吟诗要比李杜强。
隽思曲笔豪迈气,落笔自有烟云趣。朝书暮墨厮相守,咬文嚼字亦天意。
《读书人家》苦中得,三雅四俗皆高洁。文心浸染千古事,索尽枯肠夜不寐。
程朱席上懒勾留,读书写作解千愁。尘世百年如暮旦,寡情薄欲何所求?

生命有尽时
读书无止境

为安友读书人家题

敏心瀚

二〇二三年九月二日

龚心瀚,上海市人,毕业于复旦大学新闻系。中共中央宣传部原常务副部长、全国政协常委、中央文史委主任。2009年后,曾在北京、上海、哈尔滨、三亚、无锡等多地举办过个人摄影展或与陈丹青、陈逸飞等多位杰出艺术家的摄影绘画艺术联展。他的摄影艺术苍浑郁穆、汪洋恣肆,达无声之妙境、有方圆之界化。他的书法用笔雄厚、豪迈俊逸、独出一格。

贾树枚，山东博兴人，毕业于复旦大学新闻系。曾任上海市委宣传部副部长，上海市人民政府新闻办主任，解放日报党委书记、总编辑，上海市广播电视局党委书记，文汇报副总编辑，上海市记协主席、中国记协副主席等。编著有《上海新闻志》《上海新闻丛书》《中国故事，国际表达》《锦绣年华，良辰美景》等。

"伪劣文人"毕家龙(其夫人舒寿荣摄)

著名书法家冯仲华先生为本书题写书名

20世纪50年代的刘王立明

1954年5月参加全国政协女委员合影,中间为宋庆龄、右四为邓颖超、右一为刘王立明

刘湛恩，湖北阳新人，刘王立明的先生。1895年出生，1918年赴美留学，先后入芝加哥大学、哥伦比亚大学，获哲学博士学位。1922年回国，在南京东南大学、上海大夏大学和光华大学执教，任中华基督教青年会全国协会教育总干事，1928年起任上海沪江大学校长。因拒绝出任伪政府教育部部长，1938年4月7日在上海遭日伪汉奸谋杀。终年43岁。

刘王立明和子女，中间为刘王立明，左一为刘光华，左二为刘光坤，右一为刘光升

刘光华（右）与邓伟志（左）摄于2024年4月

2024年"五一"假期采访刘光华时合影,左起:金建国、胡开建、刘光华、毕家祯、黄皖庆

2024年5月,金建国、胡开建、毕家祯、黄皖庆(左起)品读《安庆读书人家》样稿。"伪劣文人"毕家龙摄于女儿毕砚家阳台

毕家祯采访刘光华

胡开建（左）与上海市委宣传部原副部长，解放日报党委书记、总编辑贾树枚

胡开建（右）与上海大学终身教授邓伟志

陈独秀嫡孙陈长琦(左)与作者毕家祯

胡开建与李大钊之孙、安徽省政协前副主席、"七一勋章"获得者李宏塔(右)

左起：陈征、赵小鲁、贾树枚、胡开建、蔡六零（2019年夏摄于赵朴初故居）

左起：黄皖庆、胡开建、毕家祯、毕家龙、金建国（2023年10月摄于上海大学）

蔡六零摄于书房

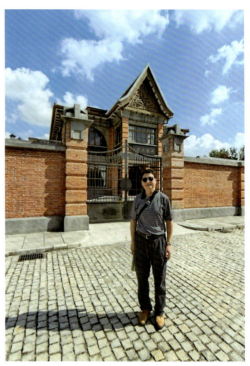

作者毕家祯摄于上海大学旧貌复原

2005年5月,二哥毕家龙(左五)与夫人舒寿荣(左四)率弟弟家宝(左一)、家祯(左二)到安庆机场迎接侄儿毕东(左三)从加拿大讲学归来

妻子刘晓平在书房看报（摄于2019年）

毕元君2013年于达拉斯大学博士毕业

三心斋书房

目录

序一 / 001
序二 / 001
前言 / 001

安庆读书人家

功勋卓著惊华夏,才华横溢艳春秋——记刘王立明 / 003
走进景颜斋——记冯仲华 / 020
腹有诗书气自华——记胡开建 / 029
才子画才子,彤管写春秋——记陆平 / 038
锦绣华章满肺腑,笔端写出惊人诗——记沈天鸿 / 051
读瓷著书人——记曹新吾 / 061
惊羡灯谜誉学府——记汪长才 / 071
江阔凭鱼跃,天高任鸟飞——记江飞 / 083
熔生活于诗文,聚雅情于笔端——记沙马 / 091
具智骨者,必有造诣——记张建初 / 104
一花一草一世界——记钱玲萍 / 112
不改初衷向高标——记董之忱 / 119

张庆书斋藏古今,"懒悟"红尘显风流——记张庆	/ 127
红尘中的留仙阁——记史良高	/ 138
砚池勤耕三十载,书法绘画集大成——记胡永刚	/ 148
医学风骨,文学才华——记顾乐生	/ 157
千寻万瓷话安庆——记秦小坚	/ 164
读书得趣,才情勃发——记杨勤华	/ 172
文墨丹青,诗意人生——记石楠	/ 182

三心斋雅聚

三心斋雅聚	/ 194

花开三心斋

花开三心斋	/ 214

三心斋拙文

写在陈独秀墓前	/ 239
父亲二三事	/ 242
思念母亲	/ 251
二哥如父	/ 258
送女儿上学	/ 263
浦东机场送女儿	/ 269
过年	/ 274
岁月	/ 282
黄昏	/ 287

明月空灵	/ 295
我喜欢	/ 300
走进斯坦福	/ 306
卡梅尔小镇	/ 312
琉森湖	/ 318
柿子熟了	/ 325
遥记"情人岛"	/ 333
书房情韵	/ 338
春到江南	/ 346
怀念夏天	/ 351
故乡的秋	/ 357
冬天	/ 364
后记	/ 370

序一

前不久朋友聚会时,毕家祯先生说他的新书《安庆读书人家》即将完稿,嘱我作序。

我与毕先生多年前有缘相识,留下良好印象。这次家祯同志恳请我作序,颇感盛情难却。我已解甲归田多年,虽读书不辍,但提笔写字毕竟有些生疏。继而想想五年前的一次安庆之行,我便欣然答应了下来。

那次安庆之行是应老朋友胡开建先生之约,在安庆参观

贾树枚

了陈独秀纪念馆、陈独秀墓、赵朴初先生的出生地"世太史第"及其在安庆市太湖县的祖居,游览了迎江寺,观赏了黄梅戏的经典剧目展演。这次安庆之行改变了我对安庆乃至安徽的固有印象。

安徽是华东地区六省一市之一。华东的六省一市,无论经济、文化、科技、工业、农业、商业,都是大腕级的角色。但与华东的

其他省（市）相比，安徽似乎无优势可言。安庆虽是长江重镇，曾经的安徽省会，跟华东地区的苏锡常青甬杭等二线城市相比，似乎也有不小差距。

事实果真如此吗？至少在文化方面，并非如此。只要到安徽走走，到安庆走走，就会发现，安徽，安庆，可是对中国特别是对中国近现代的发展做出过重大贡献的地方。

就从陈独秀说起吧，他是安庆市怀宁县人，中国共产党的主要创始人之一和党早期的主要领导人，为中国共产党的创立和建设做出了巨大贡献。他还是新文化运动的倡导者、发起者和主要旗手，毛泽东说他是五四运动的总司令。他对新文化运动的贡献，无人可比。再说赵朴初，祖籍安庆市太湖县，佛学大师，著名社会活动家、书法家，长期担任中国佛教协会会长，为中国宗教事业的创新发展和文化繁荣做出了重大贡献。安庆还是黄梅戏的故乡。黄梅戏是中国戏曲五大剧种之一，其经典剧目《天仙配》《女驸马》《牛郎织女》，在中国几乎妇孺皆知，开口就能唱两段。如果没有他们，中国近现代革命史和文化史简直难以想象。

从安徽省、安庆市的昨天，自然会想到今天，"江山代有人才出，一代新人撑旧人"，在如今的安庆文化艺术界，有一批胸怀宽广、志趣高雅、造诣深邃的拔尖人才，他们传承文脉，刻苦钻研，锐意创新，取得了不凡的业绩，使安徽的、安庆的优秀文化传统，在新的历史条件下，得以发扬光大。

然而，千里马常有，伯乐不常有，对安庆文化艺术界这些学养深厚、业绩斐然的领军人物，很少有人去关注、总结、传播、宣传他们的骄人业绩和治学、创作经验，以致他们的许多成就和贡献不被世人所了解，让当代人引以为憾。

正是在这样的背景下，作为一个从政三十多年的文人和安庆籍的作家——毕家祯先生，主动承担起了为当代安庆文化界领军人物树碑立传、传承文脉的任务。他因年龄关系卸任太湖县副县长、大观区委组织部部长、安庆市物价局党组书记等职务后，又以作家的身份亮相，在任安庆市作家协会副主席期间，亲自采访、精心撰写，完成了对安庆籍十九位文学艺术界精英的专访，再加上自己创作的富有文学色彩的散文和回忆录，编成了这本《安庆读书人家》——这是毕家祯先生出版的第七本散文集。

毕家祯先生出生在一个有着深厚文化和革命传统的家庭，他的祖辈先人接受孙中山的革命思想，曾参加同盟会和武昌起义，祖父毕树棠老先生信奉实业救国，曾参加和主持汉冶萍公司的工作。父亲毕念宸高中毕业后进电报局，学有专长，曾在华东多地担任邮电所所长、邮电局局长，因体弱多病，去世时毕家祯只有四岁。父亲去世后，毕家祯和母亲靠二哥供养。二哥聪敏好学，通过勤工俭学从上海交通大学毕业，参加中国人民解放军第四野战军，后来转业到地方，成为一名党政领导干部，为教育弟妹健康成长，尽心竭力。

在这本散文集《安庆读书人家》中，除了安庆文化界领军人物的专访，还收入了作者缅怀先辈、回忆与家人友人相处交往的二十多篇散文，也都文采斐然，亲切感人，值得一读。

贾树枚

2023 年 7 月 13 日

序二

毕家祯先生家学渊源，耕读不辍，辑成《安庆读书人家》，雅意谦谦，捉我作序。

一看这些读书人，都是我的老师，作品仰读过：那逸兴的墨韵、那独帜的丹青、那精鉴的瓷片、那灼见的史故、那珍罕的典藏、那雅趣的廋辞、那朴茂的金石、那沉郁的吟哦、那骋怀的传记、那情婉的佳制、那隽永的散文……看得我腿软。"这回断送老头皮"矣。

一勺知水，片语知德。

佛头焉敢着粪？籍籍野老，村言奉与。

"伪劣文人"在"诗人陈三立先生暨夫人俞氏之墓""陈衡恪先生之墓"前。（倩人摄）

一

读书，为了什么？

《唐摭言》:"盖文皇偃武修文,天赞神授,常私幸端门,见新进士缀行而出,喜曰:'天下英雄入吾彀中矣!'"太宗崇尚文学,尊崇人才,经常偷窥文士为了功名进进出出,暗中抚掌:"哈哈!天下读书人全都落入我的圈套。"老李像街头的小贩那般嚷嚷:"圈套,谁要;圈套,谁要?"学子趋之若鹜:"我要,圈套;我要,圈套!"流风余韵,绵延千年。读书干什么?上圈套呀!不读书,哪个要你?不说皇帝不要,一般工作单位也不要,您看,招聘书上明明白白写着:"大学本科以上。""故有诗曰:'太宗皇帝真长策,赚得英雄尽白头。'"这话说得更直截了当,普天之下读书人,哪一个不在圈套内白了头?头,都是要白的,毕竟,圈套内白与圈套外白,多多少少还是有差别的。

读书,是为了争得机会上圈套。呃?呃!

二

书不可多读,读多了,会惹麻烦。

苏轼《石苍舒醉墨堂》说:"人生识字忧患始,姓名粗记可以休。"

苏先生说:"人生不用读过多的书,能写自己名字就行了。"这老兄书读多了,聪明反被聪明误,吃过亏,不主张多读书。

书,读多了,被神仙看上,更麻烦。

《唐才子传·李贺传》:"李贺……昼见人绯衣驾赤虬腾下,持一版书,若太古雷文,曰:'上帝新作白玉楼成,立召君作记。'"

李贺文章写得好,上帝新建成白玉楼,请他去作《白玉楼赋》。李贺借口老母亲有病,走不掉。来人不耐烦:"走,走,走!天上比这里好,少啰唆,谁叫你书读那么多!"一条小命搭在读书上了,才二十七岁。"天若有情天亦老",天哪里有情哟?

所幸,你我只读了一点点书,算不上有文采,上帝看不上,若是书读得像李贺那么多,早已被"绯衣人"带走了。

或曰："书到今生读已迟。"迟？迟就迟了罢，不着急。活着，书，慢慢读。

三

读书的地域差。

"北人看书如显处视月，南人学问如牖中窥日。"北主"渐悟"，南主"顿悟"。

安庆，临江之北，处河之南，坐拥南北，无南无北，乃读书胜地也。

安庆，书香氤氲。百年前，震古烁今的商务印书馆在安庆设立分馆，就知晓我们安庆人对书的渴求在全国的地位。

安庆，文脉赓续：如山，天柱，伟也哉，拔萃而蕴存静穆；如水，长江，壮也哉，豪放且饱含内敛。

夜读觉披星，熄灯知戴月。读日出，读日中，读秉烛。

读书，养就人格独立；读书，炼就思考独立。

地灵生杰，寄兴维也纳，时有乐章盈耳；杰生灵地，牵情安庆城，常有华章悦目。

安庆，一城秀色半城佳人。巾帼，巾帼，安庆小妹儿都能皇榜中状元；须眉，须眉，安庆老的们岂敢怠慢。

四

读书，乃浮华中寻求寂寞。

好书，俏如靓女；好书，尊如帅哥。茫茫人海，书海茫茫，脉脉含情，含情脉脉，等着你，蓦然回首，你看见了，读了，是你的缘分。

读书宗旨在怡情，意趣如鱼在水，冷暖自知。若囿于精明，必然自大，渐入平庸矣，可悲；读书，若趋于痴绝，已然自明，甫入佳境矣，可喜。

读书只为稻粱谋，固然无奈，亦无可厚非，没饭吃，怎么读书？有饭吃，有书读，乃人生一大幸。而有饭吃，慵懒不想读书，乃人生一大悲。吃饭，为了饱腹，不至于饿死；读书，为了饱学，不至于苟活。饿死事小，苟活事大。

"万般皆下品，唯有读书高？"读书无止境，何为高？高人不高。无所事事的所谓文人，不想高的高了，什么高？血压高。

读书的最高境界，谨言慎行，怡情守拙，只做学问，不慕虚名。书，读到"四海无人对夕阳"，方能称为读书。

寂寞，是原生态；浮华，乃虚幻界。

五

人，为什么要读书？无聊。

"无聊才读书。"不读书，如何打发这无聊的人生？

读书之本真，乃曲线把你向无知挤兑，无知而后知："原来我如此浅薄！"

读书之本真，是直接把你向求知导引，求知方始知："原来我多么贫乏！"

读书，无非是：围剿浅薄，警示贫乏。

无聊的人，敏于书，得以攀越糊涂的藩篱，睥睨平庸，怡然禅修；有聊的人，疏于书，稀里糊涂在尘埃里，迷途不知返。

啊嗟！这么多人在做么事噻？嘀嘀！三心斋雅聚，群贤毕至，少长咸集，兴会无前呢！

崔颢已题序，何劳饶舌。

"恭疏短引"，不过是无聊的人说了一番无聊的话而已。不是序。

"伪劣文人"毕家龙于癸卯苦夏

前言

千年宜城、百年省会的历史文化名城安庆,浸润着吴头楚尾的精粹、桐城文化的风韵、长江之水的恩泽,孕育出一代又一代文人骚客,以布衣之躯,支撑了安庆历史文化名城的一片天地。

《安庆读书人家》一书,真实地展示了安庆读书人的精神风貌,读者可以看到他们对文学、书法、绘画、收藏的爱好,无论是词章翰墨、古玩字画、小说诗歌,一人有一人之性情,一人有一人之特色,一人有一人之天地,但都一往而情深。

2024年5月,毕家祯摄于林徽因故居

其风情雅韵大有春秋战国时"百花齐放、百家争鸣"之遗风;又如民国之大师辈出、群英荟萃、星光灿烂之韵味;更是安庆人发愤读书、锐意进取之展示。

记得小时候，父亲对我们兄弟说："你们的生活如果每天以读书开始，是多么幸福、美好。因为，读书是一个人的看家本领，谁也夺不去。"

儿时的情形在眼前闪现，父亲的深情，母爱的呵护，还有对未来的憧憬，一切都在读书的氛围中漾起幸福的涟漪。触绪牵情，勤耕苦读，向来家风，当时只是寻常矣。

生活的历练告诉我，就读书而言，实践证明，读书越多，沉潜越有深度，目光越有力度，做人越有高度。

如果书读得不多，只依赖"网读"的话，只能在海量的信息中漂流，就不可能为一个字、一个词、一个史料追根求源，将其变为自己掌握的知识，也不可能成为一个文化人。

"易更三圣"是秦汉时期对上古形成易学的传统者，公认的定说为："画卦者伏羲、演卦者文王、传述者孔子。"

可见文化的传承，恰如一本好书，纸张可以发黄、发脆、破损，但内容却历久弥新。一书在手，如对好友。当目光和手指从纸上滑过，那簌簌的翻书声，入耳入脑入心的滋味是甜美的，便觉有暗香袭来、福海无边、与千古相契之感。

孔子读《易》至韦编三绝；赵匡胤马上二十年，手不释卷，一边打仗一边看书；拿破仑金戈铁马身不离一本《少年维特之烦恼》；还有英国人说："我们宁可没有印度次大陆，也不能没有莎士比亚。"

由此观之，我坚信这种古老的阅读方式，将伴随着时间的流逝而代代相传、永不消失。

读书为什么要捧在手中？

因为纸质阅读可以在书上写眉注、写设问；精彩部分可以画杠子、可以标记号；可以不慌不忙地做笔记，从而达到"润物细无声"的效果。

这就是纸质阅读和"网读"最本质的区别。

久而久之，就会感到，书捧在手中有一种仪式感。

这种仪式感是亲切的、愉悦的、轻松的；这种仪式感是自发的，它来自心灵的深处，来自阅读的积累和浸润。文人骚客同心共语，挚友心声如在耳畔。否则，我怎么会静静地倾听到"三读《离骚》多楚怨，一生知己是林逋"的感叹、美美地欣赏骆宾王《讨武曌文》的魅力、久久地沉浸在王维"北涉玄灞，清月映郭。夜登华子冈，辋水沦涟，与月上下。寒山远火，明灭林外。深巷寒犬，吠声如豹。村墟夜舂，复与疏钟相间"的意境呢？

以十九位读书人为代表的安庆"文人骚客"，无一不是文人情怀，儒士心性。他们有鲁迅的博学、谢冰心的典雅、徐悲鸿的精深、徐志摩的焕丽、朱自清的温醇……文采风流，各有千秋；异中存同，同中有异。他们几年、几十年，甚至一辈子在文化艺术的熏陶下，浸淫在琴棋书画的氛围中，"笼天地于形内，挫万象于笔端"，营造了安庆文化艺术目前这种沉雄恢宏的格局。

不难想象，他们都曾经历了"昨夜西风凋碧树，独上高楼，望尽天涯路""衣带渐宽终不悔，为伊消得人憔悴""众里寻他千百度，那人却在灯火阑珊处"。这三种读书的境界，成为读书人与人无患、与世无争、雅韵自赏的凭借。

安庆读书人家的风采告诉我，读书是非常幸福的事，"少年读书，如隙中窥月；中年读书，如庭中望月；老年读书，如台上玩月。皆以阅历之深浅，为所得之深浅耳"。镜中次第人颜老，世上不老读书人。只要诗书藏于心，岁月从不败"美人"。

"三心斋雅聚"可谓是"谈笑有鸿儒，往来无白丁"。雅聚的空间自始至终是佳句盈耳，翰墨飘香。有一种刻骨铭心的感受力——存在于书法的感受、绘画的感受、书籍的感受、交谈的感受、诗歌的感受。在每一个参与者的心灵中，镂刻着岁月的展痕，缠绕着书香的温馨，流淌着典雅的芬芳。

他们从骨子里渗出来的特质，展示了自身的人格魅力。而在谈笑风生的不经意之间，流露出内蕴的文化积淀，和"腹有诗书气自华，诗有典故意自丰"的矜持，这些就是文人骚客的贵气和风雅所在。

"花开三心斋"，女画家、女诗人、女作家意气风发、素容淡妆、容华丰润、美目带娇，可谓光彩照人。

诗人歌咏靓丽之景、欣悦之事，抒发自己内心的风韵情致。

画家笔下以色来衬光，光来显色。其色韵或苍、或黄、或素、或黑、或渥如丹、或鲜如濯、或黯如染，随其所之，无不如意。

她们绘画的水平达到了"俯视万物""从心所欲"的高度，从而使画面效果显现出"画是无声的诗，诗是有声的画"的最佳境界。

"三心斋拙文"，一些凝固了的文字，充满着怀旧、追忆、思念的复杂情感；而一些老旧照片，恍如光阴的年轮，总是让人感怀思旧、沉湎而意远。

余智浅才疏，但奉献的却是真情、真景、真言、真趣。只有真实地展示闲适的心性和空明的心境，才能让读者有千般滋味入口，万种馨香绕心。让生活有色彩、生命有活力、文字有特色，这也是我的快乐所在。

一本新书问世往往是格在局先、韵在其后。

因此，题词和序是统揽全书的纲目。

鄙人有幸得到中共中央宣传部原常务副部长龚心瀚先生题词；上海市委宣传部原副部长，解放日报社原党委书记、总编贾树枚先生和"伪劣文人"毕家龙先生作序。三位先生的隽思妙语，令人钦佩之至。

龚心瀚先生胸藏锦绣，腹隐珠玑，有经天纬地之才、济世安民之术。他是中共中央宣传部原常务副部长、全国政协常委、中央文史委主任。现为中央新闻纪录电影制片厂、中央广播电视总台联合摄制的《百年巨匠》系列节目总顾问。

他的著作如高山流水,志行高洁;他的书法如春云出岫、意态自然;他的摄影如美人映着月光,婉丽飘逸、风情万种、百看不厌……他曾经多次主办个人书法和摄影展览;他的摄影将世界各地精彩纷呈的风土人情摄入画面而引人入胜,令读者无不叹为观止。

贾树枚先生,才华誉满申城,人品有口皆碑。

我与他五年前初识,一见如故。因此后来每每见面皆心绪相接,触动情怀。每与之言,妙语解颐,如坐春风。可谓听君一席话,胜读十年书。

五年前其初识安庆,但在序中对安庆在中国近代史上的历史贡献、文化渊源、风土人情,如数家珍、娓娓道来。文字之流畅、句式之秀美、意味之蕴蓄,皆让人感到心静意善、温柔敦厚、潜质迸发,显示出深厚的文学功底。

静赏其序,可谓是文如其人,儒雅丰仪,大有兰资蕙质;悉闻其政历,官如清水,颇为贤达,从不趋炎附势,趑趄嗫嚅。政绩显著,而不怨官运不畅;著作等身,而不居其名;灯红酒绿,而不坠入豪华奢靡。

其人品、文品、官品皆不以虚名萦怀,令人高山仰止。

"伪劣文人"毕家龙先生,才华横溢,他将书法、集邮、绘画、文章集于一身。

他往来于古今之间,游走于东西方文化。他曾在安庆成功主办了个人集邮展、漫画展等。

他行万里路,读万卷书。在大英博物馆为其"中国展厅"的文字指正,是德国《华商报》的特约撰稿人,长期是《杂文报》的写手。其序笔势雄浑奔放的背后,是内蕴的文史知识的积淀。恰如千金买赋,妙笔生花,小乔初嫁英姿勃发;又如昭容靓姿,华美温婉;更如民国淑女典雅风韵,浑身上下流淌出一种静气而显现的尊贵。

有朋友看了题词和序后问我:"谁为第一、谁为第二?"

我说:"《三百篇》中哪一首为第一？哪一首为第二？犹如春天的兰花，秋天的菊花，都是一季之秀，何为第一？何为第二？

《三百首》中何为好诗，何为名诗？如同牡丹，如同蜡梅。何须评最美，何须论谁香？

他们皆满腹经纶'求诗于书中，得诗于书外'，思想深锐，倚马可待，各显神通，各抒其意。题词和序文，字字珠玑、句句神韵、笔势悠扬、言深情切，彰显出气贯长虹的大家风范！"

让鄙人拙著，如旱得雨，如贫得宝，如饥得食，如暗得光，增色匪浅，身价倍增矣！

安庆读书人家的风范告诉我：

如果你想避开红尘的喧嚣，想找一隅独处，以静穆对喧嚣；

如果你想与大自然为伍，与蔚蓝的大海和奔腾的长江相望，以冷峻对狂妄；

如果你想忘记缠身的烦恼和俗事，以不变应万变……

那么，就读书吧！读书会让你经历另一个世界，欣赏另一种景观，领略另一处风情。

回首往事，一路走来，我感到欣慰的是有书相伴的生活充满了快乐、充满了爱情、充满了希望。

因此，生活永远散发着诱人的魅力，而这魅力的最高境界，就是拥有读书情怀！

三心斋主2023年初稿于立秋，定稿于处暑

帝夢讀書了帝

功勋卓著惊华夏，才华横溢艳春秋
——记刘王立明

《安庆读书人家》定稿后，太湖县法院人民陪审员程诗彬打电话给我说："毕老师，听说你《安庆读书人家》封笔了，应该到太湖来放松放松吧，我派车去接你。"

面对程诗彬的盛情，为了放松一下几个月来的辛劳，8月24日，我和著名画家陆平、好友白冠军赴太湖新仓镇参观刘王立明故居，同时去看望市委下派干部许道青。到了新仓镇后，程诗彬临时有事，在许道青热情陪同下，我们驱车到数公里以外的刘王立明故居。

1925年后，刘王立明多次参加太平洋国民会议委员召集的沪上商学等各界领袖会议，讨论关税问题，力争关税自主。图为20世纪20年代的刘王立明

刘王立明故居坐落在新仓镇杨茗村，东北与潜山市隔河相望，东南与怀宁县毗邻。故居旁边新建的展厅占地面积约两千平方米，徽派建筑，白墙黑瓦，四进庭院，中间是院落，两侧是甬道，设计

1919年暑期,王立明加入留美中国学生同盟会,参加该会在以利邦壹(音译原文)省城举办的大会,王立明在大会上做题为《中国的精神》的演讲,获得第二名。图为王立明(前左一)与中国留学生们的合影

古朴、高雅、宽敞、有品位。

在讲解员王周林的引领下,我们走进陈列馆大门,只见庭院的正门前一照壁镶嵌有汉白玉雕塑,画面反映新民主主义革命到抗日战争时期的内容;背面黑色大理石镌刻着刘王立明的年表和大事记。

陈列馆分起飞、翱翔、爱国、缅怀四个展区。展陈以时间为轴线,通过大量生动、真实的档案资料,全方位展现刘王立明投身革命和为人民民主自由事业奉献一生的伟大事迹,凸显刘王立明大公无私、光明磊落的高尚品格和呕心沥血、鞠躬尽瘁的奉献精神。

展厅十分宽敞,四周墙壁悬挂照片和史料的展板,设计精美,文字清晰,整体布局高雅。几百幅照片、文字史料,展示了刘王立明从读书、留学、探索、救国直至被迫害致死的悲壮人生,令每一位参观者感到震撼、钦佩、深思不已。

刘王立明(1896年1月1日—1970年4月15日),出生在安徽省太湖县新仓镇鸣山村杨茗组,字梦梅,小名杨顺,曾用名扩志洁。她

1937年5月9日下午,中华妇女节制协会在四川路青年会三楼大礼堂,召集妇女界举行母亲节纪念大会,伍劳伟卿主持,刘王立明读公祷文,号召妇女团结起来,为社会和国家奉献自我。图为1937年刘王立明(前排中)和中华妇女节制协会同事们合影

的父亲在当地是一位有名的老中医。从小家境比较优裕的她,中医世家环境的熏陶,启迪了她的聪颖睿智,她的才华在十里八乡十分罕见。

清光绪三十二年(1906)10岁时,父亲将她送进太湖县福音堂小学读书。因此,王立明较早接受新式教育,并受到妇女解放思想的启蒙。她在1908年12岁的时候即勇敢地撤去了裹脚布,成为全县第一个放足的女孩。

20世纪二三十年代的刘王立明

她似乎摆脱了封建社会对女性的各种束缚,个性独立,追求平等。

家乡的所见所闻使幼年时的王立明深切体会到在中国传统的大家庭中,女性生存的艰难。她自己尝言:"我的亲友中有好几位是蓄婢纳妾的。当时那辈婢妾们的痛苦,她们所流出来的眼泪,以及她

1939年2月27日,刘王立明在重庆筹设中华妇女节制会华西分会,在白玫瑰宾馆召开成立大会。到会者有林翠珍、陈凤兮等16人,推举温嗣英为主任常务委员。图为《节制》1939年复刊号刊登刘王立明照片及题词

们的惨死,已惹起了我深切的同情;我的第一个志愿,就是要发愤读书,长大成人以后,从事妇女运动,为这辈人申雪冤仇。"

天赋超常、知识面宽、能言善谈的王立明在民国元年(1912)被保送九江诺立书院,五年后毕业留校当教员。1915年,王立明参加世界妇女节制会,任世界妇女节制会驻华代表,并创办《女声》《节制》书刊,宣传妇女解放,争取中国富强。

王立明获奖学金被保送赴美留学后,担任世界妇女节制会远东区干事。1920年,在芝加哥西北大学生物系获硕士学位后回国,在上海创办中国妇女节制协会,并任会长。1922年9月8日,王立明与刘湛恩在上海北门浸会堂举行婚礼。他们按照美国的习俗,女子结婚后,名字的前面冠以夫姓,从此,王立明改名为刘王立明。几年的留学生活,像阳光雨露滋润着王立明。追求民主、追求文明、追求平等从此成为她毕生追求的信仰。她积极推动妇女解放和妇女节制运动,大力倡导慈、孝、贞、俭。

可以断言,王立明是安庆甚至安徽历史上靠自己发愤读书,出国留学,接受西方文明的第一人,是全国妇女解放运动的先驱。

在展厅当我看到悬挂的一幅书法作品时,以为是赵朴初先生写的。走近一看,却是王立明的题词。在我和陆平都感到惊讶时,王周林告诉我们王立明与赵朴初都是太湖人,两人共同拜一个老师学书法。因此王立明的书法技艺在20世纪20年代末就可以与近代赵朴

初的书法相媲美，足以说明其书法艺术的高度。我不由深深地吸了一口气，缓缓地吐出几个字："旷世才女"。

我想，假如与宋庆龄、何香凝、蔡畅、邓颖超同期的五大妇女运动领袖之一的刘王立明在1956年不被定为右派、没有在"文革"中受迫害致死，她的地位和政治影响力可想而知。刘王立明不被划为右派后迫害致死的话，她的书法造诣绝不亚于赵朴初，甚至可以超

吴佩孚送给廖仲恺，廖仲恺夫人何香凝送给刘王立明的沙发椅

越。可是历史没有假如，没有给刘王立明这个机会，也没有让书法爱好者看到这精彩的一幕。

刘王立明还是一个作家，展厅里摆放着有一百多年历史的沙发椅。是吴佩孚送给廖仲恺，廖仲恺夫人何香凝送给刘王立明的，刘王立明就是坐在这张沙发椅上写出了《快乐家庭》《自强之路》《中国妇女运动》《生命的波涛》《婚约》《珍堡梦》《小珍寻母》等书，其中《生命的波涛》荣获国家一等奖。

1931年9月日军占领东北后，王立明担任了上海妇女救国大同盟成立大会的主席，并号召妇女抵制日货，支援中国军队。此外，中华妇女节制会也通过收容妇女来积极参与救国运动。

让人叹佩的是，1933年10月，"女声社"发起在全国范围内海选五位女伟人，结果按得票多少，依次是宋庆龄、谢冰心、丁玲、刘王立明、何香凝当选。可见在那个时代，王立明就具有功勋卓著惊华夏、才华横溢艳春秋的潜质了。

1935年，"一二·九"学生运动爆发。12月20日，王立明与丈

刘湛恩、刘王立明夫妇合影于家中

夫刘湛恩及刘良模、陈维姜、李登辉、吴耀宗等28名上海基督教人士联名发表《上海各界基督徒对时局宣言》，表达了对救亡运动的呼应和对"一二·九"学生运动的支持。

21日，刘王立明与史良、沈兹九、胡子婴、陈波儿等发起成立上海妇女界救国联合会，成立大会上发出通电和宣言，号召"全国妇女立刻自动地组织起来，贯彻我们的救国主张"。会后，刘王立明率千余人举行了穿越上海南京路的示威游行。

上海沦陷后，租界成为"孤岛"。刘王立明坚持留在沪上，参加了由许广平领导的上海女界难民救济会，为难民救济工作日夜奔忙。

同时，中华妇女节制会以各种不同的形式开展抗日救亡活动。刘王立明领导节制会的妇女们大力宣传抗日，或作形势报告、教唱救亡歌曲；或演出进步戏剧、出版进步刊物；或开展献金运动、募捐援助新四军抗日。同时，刘王立明还负责主持上海梅园难民救济所工作，在上海发动妇女募集寒衣，支援前线，抢救伤病员，自己出资收容难童和妇女。

1937年7月7日卢沟桥事变爆发，标志着中国进入全面抗战时期。刘王立明被推选为上海妇女抗日救亡委员会主席,她积极投身于妇女抗日救亡斗争中,尽其所能,积极组织妇女救亡团体,把妇女救亡运动视为最重要的事业并倾入巨大的精力,堪称中国妇女运动史上抗日救亡斗争的领军人物。

刘王立明还率领中华妇女节制会人员参加了由何香凝领导的中国妇女抗敌后援会,任该会农村妇女组织委员会主任委员。后又参加许广平领导的上海妇女界难民救济会。在上海、成都、广元、香港等地创办妇女职业培训、文化学习和难童教养机构,并与李德全、史良、刘清扬发起组织成立中国妇女联谊会。还曾任国民参政会一、二、三届参政员。

1937年9月5日,为献金捐物,支援前线,"上海妇慰分会"首先在全国发起"献金和购买国债"活动。

当天,中华妇女节制会总干事刘王立明献出自己的金镯、钻戒。在何香凝、刘王立明等妇女组织领导人的带动下,上海各界妇女踊跃献金,购买公债,一个月内,救国公债的认购额就达到2.4亿元,有力地推动了这次救国公债劝募活动。

刘王立明和丈夫刘湛恩(1922年获得哥伦比亚大学哲学博士学位,回国后任沪江大学校长)全身心投入抗日战争。刘湛恩曾先后邀请冯玉祥将军、陶行知和李公朴等爱国人士到沪江大学演讲,并参与声援东北义勇军等活动。他还在租界地区开设难民收容所,收留难民1 600余人;并联合各界爱国人士,成立上海各界救亡协会,且被推举为主席。

翌年春,日伪酝酿在南京组织傀儡政权,汉奸温宗尧在准备粉墨登场之时,妄图拉刘湛恩落水,劝其担任伪"教育部长"。刘湛恩严词拒绝,并晓以大义,劝温宗尧悬崖勒马。他还一再劝阻另几个态度暧昧的熟人,保重晚节,万勿事敌。

1938年4月6日晚上,刘湛恩的次子刘光华玩耍时将牙齿碰断,

1922年，刘湛恩获得哥伦比亚哲学博士学位

第二天早上，刘湛恩和妹妹送刘光华去医院看牙。在静安寺路和大华路（今南京西路和南汇路）路口处公共汽车站上车时，遭到日伪收买的暴徒袭击，当场牺牲，年仅42岁。刘湛恩之死，激起国人之哀愤与景仰，激励国人抗敌之心。国民政府为他举行了公葬，并明令褒扬。

"苟利国家生死以，岂因祸福避趋之。"面对残酷的现实，刘王立明没有丝毫的退却，丈夫刘湛恩被暗杀后，她秉承丈夫的遗志，辗转香港，赴武汉、重庆继续从事抗日救亡活动。她宣传抗日的形势、抗战必胜的演讲，以她那姣好的身材、洪亮清脆的嗓音、优美的手势，加上旁征博引、铿锵雄浑、有的放矢、幽默诙谐的语言，激励人心，鼓舞斗志，群情沸腾。

1943年9月，陪都重庆大会堂，哨兵林立，戒备森严，座无虚席，国民参政会三届二次会议正在这里举行。时值国民党发动第三次反共高潮，国民党军参谋总长何应钦在会上所作的军事报告中，颠倒黑白，混淆是非，对中国共产党和八路军竭尽诬蔑之能事。

这时，刘王立明登台正气凛然地质问何应钦："你在军事报告中，为何避而不谈八路军及其前线将士浴血奋战的英勇事迹，却别有用心地制造摩擦，破坏团结，消极抗战！"一瞬间，何应钦被这位女参政员严厉责问得一时无言可答。他觉得眼前这个女人的声音、胆略和气质，尤其是犀利的语音让他无地自容，他灰溜溜地离开了会场。

民盟临时全国代表大会召开期间，刘王立明、刘清扬、张澜、史良、李文宜（从左至右）合影

顿时，中外记者蜂拥而上，CC系特务分子见势立刻群起哄闹搅乱了大会。由于在第三届参政会上支持董必武斥责国民党当局破坏团结抗日，刘王立明被撤销参政员资格。有人劝她"言语要谨慎些，免遭祸事"，她回答说："大不了坐牢杀头就是了。"

1944年9月19日，中国民主政团同盟在重庆特园召开全国代表会议，改名为中国民主同盟，刘王立明在重庆加入该组织。同年10月，当选民盟中央委员。她与李德全、史良等发起组织中国妇女联谊会，团结爱国进步妇女，宣传民主，反对独裁专制，把争民主、反独裁的斗争和妇女运动结合起来。她团结国民党统治区妇女争取民主，反对独裁，积极抗日，从事各种爱国民主活动。

1945年，在白色恐怖弥漫中，刘王立明不顾个人安危挺身而出，和陶行知先生等共同倡议成立中国人权保障委员会，后来独立主持

刘王立明参加了开国大典，致力于新中国的社会主义建设。晚年的她，受到许多不公正的待遇，但其爱国爱民的初心不改，把自己的一切奉献给了国家和人民（前排左三为刘王立明）

该委员会的会务，不断揭露反动当局蹂躏人权的真相，积极营救和援助被捕进步人士及其家属。

1946年1月，国民党在重庆召开政治协商会议，她受民盟中央的委托，在胜利托儿所宴请以周恩来为团长的中共代表团。同年7月11日和15日，昆明民盟负责人李公朴、闻一多被国民党特务杀害，她与陶行知在上海为他们举行追悼会，并倡议成立中国人权保障委员会，由陶行知主持该会工作。陶行知去世后她接替工作。

1947年10月27日，国民政府宣布民盟为非法团体，强令解散。她为摆脱国民党特务的监视，到香港参加筹建民盟临时总部工作，并当选为该部财务委员会主任委员。在香港期间，她参与创办《远东通讯》（英文版），发表文章揭露国民党，曾两次被香港警署传讯。

鲁迅说："我们从古以来，就有埋头苦干的人，有拼命硬干的人，有为民请命的人，有舍身求法的人，这就是中国的脊梁。"我以为这写的就是刘王立明这样的精英。

1949年初刘王立明回到北平。6月1日，代表民盟中央主席张澜加入中国共产党召开的政治协商会议筹备委员会，被选为代表并参加新中国国旗国徽国歌的确认工作，她还是当时为数不多的留学回国的知识分子。9月21日，她参加中国人民政治协商会议，10月1日，参加中华人民共和国开国大典。

20世纪50年代初，刘王立明与朱德、张澜在一起

1954年，刘王立明参加在北京举行的亚洲国际妇女会议。

1956年，毛泽东主席坚持派刘王立明率代表团赴西德不来梅参加世界妇女节制会。会上，她介绍了新中国妇女地位的提高和妇幼福利事业的发展，驳斥了埃及代表污蔑中国生产、输出麻醉毒品的谰言，并促使大会取消了国民党代表参加会议的资格。

在这次会议上，她当选为世界妇女节制会副主席。周恩来总理对她非凡的经历早有所闻，认为她是一位才华横溢、非常杰出的妇女运动领袖。会议结束刘王立明回国后，周总理高度评价了刘王立明的爱国精神。

刘王立明是中华妇女节制会创立者和领导人，中国著名的民主人士，中国妇女运动的杰出领袖，著名的国际妇女运动代表；中华女子职业培训创始人,我国最早的节制生育运动与建立和谐幸福家庭的倡导者;中国妇女联谊会、中国人权保障委员会、中国农工民主党创始人之一;著名的社会活动家,坚定的爱国主义者。她曾任中华妇女节制会主任、会长,世界妇女节制会副主席,政务院政法委员会委员,全国政协第二、三、四届委员(第二届常委),全国妇联第一、二届常委,民盟中央委员。

可是,让人唏嘘不已的是,1957年她被莫名其妙地划为"右派分子"后,从此就销声匿迹了。

60年代初有关方面允许为她出国提供方便,她断然回答:"生为中国人,死为中国鬼,我哪儿也不去!"她泰然处之,每天在家读书习字。

1960年10月26日,毛泽东在一个文件上专门为刘王立明的右派摘帽问题做了批示:

"黄绍竑、刘王立明二人以摘掉右派帽子较为有利。请总理、富春最后确定。如今后发现他们又有严重反动(言论),甚或(有)反革命行为,那时酌情再处(理),我们仍有主动(权)。

毛泽东"

"文革"期间受四人帮迫害,刘王立明被关进监狱,1970年4月15日含冤去世,终年74岁。中共十一届三中全会后平反昭雪。

1981年3月18日,全国政协、民盟中央、全国妇联在北京政协礼堂为刘王立明举行追

1954年12月11日,刘王立明作为中华全国民主妇女联合会26名委员之一当选中国人民政治协商会议第二届全国委员会委员。图为50年代的刘王立明。

悼会。邓颖超、乌兰夫、刘澜涛、李维汉、庄希泉、荣毅仁、胡愈之送了花圈。史良、季方、胡子昂以及中共中央统战部负责人、在京的全国政协常委、民盟中央常委、全国妇联常委都参加了追悼会。全国政协副主席、全国妇联主席康克清主持追悼会，民盟中央副主席楚图南致悼词。

刘王立明骨灰被重新安放在八宝山。

刘王立明的一生与中国近现代史紧密相连，功不可没。展厅里展示的照片和文字向我们演绎了她传奇的一生，充满了可歌可泣的故事，细细读来让人钦佩不已。

可惜的是，自从她1957年被错划为右派后，就悄无讯息，在家乡除了族人，知道她的人少之又少。我在太湖县政府工作9年都不知道这位革命先贤，真是惭愧不已。或许正因为如此，她的故居才得以完好地保存至今吧？

好在历史是人民写的，人民不会忘记她。族人王周林对我们说："小时候就听家里长辈讲，刘王立明是一位了不起的巾帼英雄，是一位民主斗士和妇女运动的先驱，也是中国妇女节制运动创始人，更是我们太湖的骄傲。"

2014年9月，安庆市委、市政府批准刘王立明故居为市级爱国主义教育示范基地。

2016年，太湖县新仓镇鸣山村家乡的父老乡亲自发捐资在刘王立明故居旁边修建陈列

1966年，"文革"开始，刘王立明被"四人帮"反革命集团指控为"美国特务"被逮捕，1970年在狱中含冤去世。图为刘王立明1966年在上海女儿家

馆。太湖县委县政府、新仓镇党委政府、鸣山村两委对建设和布展工作给予了大力支持。

陈列馆由族人王焰林、王章和、王周林、王国球、王国生等19位捐资与垫资开始修建。到2019年，刘王立明事迹陈列馆开馆，王周林第一个报名应聘陈列馆管理员，"我从小就敬仰刘王立明，知道她的很多英雄事迹，我不要工资，只要让别人都能学习刘王立明，我愿意免费做讲解员！"他是新仓镇惠民村的一位普通农民，通过镇村层层推选，他成了"刘王立明故居及事迹陈列馆"的守护人和义务讲解员。从刘王立明事迹陈列馆布展完成以来，王周林把故居和展馆当成了家，不管天晴还是下雨，天天往返于惠民村和鸣山村之间，尽心尽职地守护着。就这样，王周林多年如一日、尽心尽职成了刘王立明故居陈列馆的"守门人"。

自2019年刘王立明事迹陈列馆开馆以来，接待全国妇联、民盟中央、省、市各级领导及省内外游客、学生，参观人数多达2万多人次。今年59岁的王周林与陈列馆相伴已是第5个年头了。他一直任劳任怨，精心守护，他把对刘王立明的敬仰，化作对工作的热情，通过展厅展示的照片和史料以及他娴熟的讲解，让每一位参观者看到了中国革命早期的一位集革命家、民主运动的斗士、妇女解放运动的先驱、作家、书法家、慈善家、演说家等于一身的伟大的女性。

我想，这一切都得益于刘王立明少年时代发愤读书、青年时期接受西方文明的熏陶，回国后才华的历练和绽放得益于百花齐放、百家争鸣的时代。

其是非曲直、历史定位，非我所能道断，其真谛由后人评说吧！

行文至此，回顾历史，中国有脊梁、有才华、有担当的知识分子，他们在争取民主、争取自由、争取文明、争取人权的运动史上留下了抹不去的辉煌，化为一首首不朽的诗篇，成为中华民族伟大复兴的宝贵的文化遗产。

静静地凝视着刘王立明的照片，我想，"反右"运动导致她成为被隐姓埋名的女中豪杰，尽管平反后，网络上仍然没有关于她的只言片语，直到2019年前后，百度上才有刘王立明简略的文字介绍，这是太湖县政协办公室提供的。

在《安庆读书人家》付梓前，程诗彬邀请我参观刘王立明故居，冥冥之中仿佛有一种牵连，展厅中的照片和史料让我看到了安庆读书人家一位最值得敬畏的先贤，让我看到了中国历史舞台上一个罕见的多姿多彩的身影，让我看到了功勋卓著惊华夏、才华横溢艳春秋的伟大女性的悲壮人生。

刘王立明悲壮的一生告诉我："这个社会就有那么一批人，他们的灵魂始终像天使一般纯洁，他们来到这个世界，只是为了奉献，为了让别人活得更好！"哪怕自己忍辱负重，也要做到"一蓑烟雨任平生"。鞠躬尽瘁死而后已，要留清白在人间。

惊艳、百感交集的同时，灵感的闪烁转化为深重的沉吟：

无　题
——观刘王立明故居有感

少年誉乡贤，

留学染"痼疾"。

追寻民主梦，

舍生倾力竭。

反右悲风起，

英才足可惜。

惊叹唯扼腕，

神鬼亦哭泣。

2023年8月26日

刘王立明故居

冯仲华在"景颜斋"书房

走进景颜斋
——记冯仲华

2018年的初冬，阳光明媚，气温宜人，可谓是十月里小阳春。一个周六的下午，我们来到冯仲华冯老居住的"逸泉湾"寓所。

据传逸泉湾的泉水能明目、降火、消灾。尽管泉水已经干涸，该小区以此命名，仍颇得购房者青睐。

当我们敲开冯老家的大门时，他不顾早上参加书法联谊活动的疲劳，热情地接待了我们。冯老以前住在老城区纺织厂的华茂花园，面积较小，书房也不大。搬到逸泉湾小区是近两年的事。新居我来过多次，是顶层复式楼，楼下是生活区，楼上是书房、阳台和休憩的待客房间。

我们在他的引领下，通过一尘不染的木质楼梯，走进了他的书房"景颜斋"。

冯老的孙女正在伏案习字，我们还未坐定，他的夫人王硕婷热情地为我们泡了三杯清香扑鼻、烟雾缭绕的"岳西翠兰"。

冯仲华指导孙女习字

大约有20平方米的景颜斋坐北朝南，宽敞明亮。南面的窗口，下午的阳光像探照灯一样地倾泻进来，使室内的温度让人感到像初春二三月一样的温暖。

景颜斋进门左手处有一扇窗，窗前摆放有一明式红木方桌，四张红木高背椅，供好友品茶、聊天、赏字。

再过去东西两边是书橱，书橱内摆满了古今中外的书籍，以书法、文史类书籍为主。书籍前面，摆放了几幅冯老不同时期的照片，书橱顶部放满了不同时期生产的"红星牌"宣纸。

书房的中间一张偌大的书桌上铺了一张毛毡，除了书籍、笔架、笔洗、宣纸、印章、两款每天习字用的一大一小歙砚、端砚外，还有一大摞每日的书法功课。

我们仔细欣赏冯老的每天功课和其为朋友写的条幅，横斜竖酌、点撇斜捺一丝不苟，在时光的磨砺中，愈发显得其笔力苍劲，濡墨

冯仲华赏花

20世纪70年代冯仲华与林散之（中）、尉天池（右）摄于南京玄武湖

枯润、遣字布局皆达到炉火纯青。

书房的空间很大，让人感到宽敞、舒适、温馨。浓郁的书卷气和墨香，让人的心一下子平静下来，感到享受生活，不应该享受生活的奢华，而是享受生活的情致，并且享受这种有情致的生活给自己带来的愉悦。

书房外的阳台浸润在阳光中，栀子花枝叶繁茂，还有数朵残花摇摇欲坠。月季红黄相间，仍在绽放。几盆梅花长势良好，枝干横斜逸出、粗壮叠映、蓓蕾纷然杂陈。为了花蕾的营养充分，冯老将叶子全部芟去。

冯老对种梅花颇感兴趣，栽培技术也臻于成熟。他说几盆梅花每年竞相绽放，春节前后，书房内馨香弥漫，一室之内，墨香、书香、花香，自有一种不可形容之妙趣。

我想，梅花的品质不正是主人所追求的吗？

我边喝茶边问冯老："书房

20世纪70年代冯仲华与夫人王硕婷合影

为何取名景颜斋?"

冯老笑而答曰:"'景颜斋'源自林散之的儿子林筱之来访时称我是其父亲弟子中的'颜回'。故取景仰颜回的甘贫乐道精神,而将自己的书房称为'景颜斋'。"

冯老说着又高兴地拿出刻有"景颜书屋"的绿端砚给我欣赏,这是我近几年来看到的最好的广东肇庆高要的端砚,可谓是砚中珍品。我拿着这沉甸甸的端砚,仔细欣赏,质地犹如玉石一般的细腻,难怪冯老题名镌刻其上。

景颜斋的文房四宝的"奢华",展现出主人书法水平的高超,也体现了对优雅生活的追求和崇尚。

我注意到,书桌上还有几方歙砚,造型各异,质地细腻,均是多年前的老坑产品。因为歙砚老坑产品与新坑产品的质地有很大的区别,一般人未得其奥妙,也就无法理解市场上同样品质的歙砚价格悬殊的原因。

不经意之间我们的同行杨艳满脸笑容地问道:"冯老,你平时除了喝茶,还喝酒吗?"

提到喝酒,冯老津津有味地谈起自己年轻时能喝一斤白酒的境

2019年摄于东至仙寓山,冯仲华与夫人王硕婷合影

况来。

我注意到,冯老有点兴奋,侃侃而谈的同时,眼睛里闪耀的光芒,从他那睿智的眼眸里放射出来,年轻时喝酒的浪漫趣事,似乎带着酒香从他嘴里流出来。

我们谈兴正浓时,有客人打电话要拜访冯老。

我赶紧趁客人未到之前,请冯老为我第七本散文集"三心斋絮语"题写书名,杨艳也恳请冯老写了"宁静致远"的条幅。

冯老选好宣纸后,边选笔边打开砚台的盒盖。研磨后,摊开宣纸,欣然书之。

看着冯老濡墨、运笔,我感到冯老用笔,心最沉静、气最悠缓、不激不厉、不做藻饰。一气呵成而又风华俱在,其书法功力,似不惊人而又惊在其中。

寥寥数字,布局、题款、印章皆达到一种完美。

细细欣赏有一种隽雅的风格,透露出一种飘洒自如的风韵,酿造出一种仙逸空灵的意境。使人名利之心皆忘,放浪之焰顿息,气清而神爽,一扫红尘之媚俗。一砚通古今,数十年耐寂寞,才能磨出珠玑文字,让世人惊艳,这也是冯老的毕生追求。

当冯老在题款盖印时,我看到先生的印章有大有小,有青田石、寿山石,长期使用形成包浆,光滑圆润。钤印时,为了使其规范,先生使用了"印规",这是我和同行者第一次看到"印规",算是长了知识,亦可见其行严谨认真。

古人说,字与人同、文与境会、境与志合。故字如其人、文如其人、相由心生皆是自然之理也。

20世纪80年代中期冯仲华(右)将书法作品赠予日本大阪府议长加藤法瑛

"酒香不怕巷子深",20世纪80年代,日本大阪府议长加藤法瑛到安庆访问,追慕冯老的书法,经过有关部门的同意和安排,日本朋友欣得墨宝,满意而归。

2008年,四川汶川大地震后,冯老将自己一幅作品拍卖所得1.2万元,全部无偿捐赠给重灾区玉树镇。这与当年苏轼的一幅作品可以换几十斤上好的羊肉、郑板桥的"难得糊涂"润格高达白银"大幅六两、中幅四两、小幅二两"的趣事,何其相似乃尔。

由此观之,历代读书人,只有业精于勤,达到常人难以企及的高度才会有这样的底气。

冯老的书法,字字珠玑,幅幅气派,让有心者寻其作品欣赏、收藏、品玩,成为安庆乃至安徽书画史上一个精彩看点。省内外一些旅游景点或重要建筑,都慕名请冯老题字镌刻其上。

2014年冯老的书法被国家文字博物馆收藏,看着这份凝聚着冯老一辈子心血的荣誉证书,让人叹为观止。

安庆四牌楼与人民路的路口,建有一御碑亭,御碑亭揭幕后,冯老发现碑中的文字有误,他经过详细考证,写出了颇有价值的论文。碑上《督抚箴》原文是"廉善是旌,贪黩毋宥"。意思是:廉洁善政就表彰,贪腐渎职不宽恕。"旌"字错成"推","毋"字错为"母"。因故御碑不知何处去,空留碑座在其中,这成为安庆文化界流传的一桩趣谈。

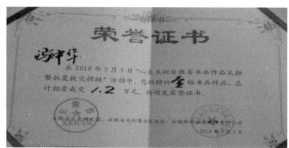
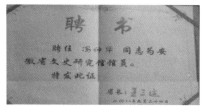

冯仲华所获各种证书

高超的书法技艺，与精深的文史知识是分不开的。冯老的文学底蕴深厚，知识面宽，评诗论画，颇多风情，谈古论今，俏皮风生。其语言之流畅，其风韵之蕴蓄，其神情之坦荡，给人以亲切和蔼的感觉。这与他自年轻时买书、读书、藏书至今，一以贯之地读书、习字是分不开的。

这使他修心养性达到了一定的高度，他的文章笔下生花，翰墨显其精彩，两者互相辉映。有学者风范，有大家风度，有英豪之气，被世人所敬慕。

我窃思，由此观之，"百年以后无君房而有君房之墨，千年之后无君房之墨而有冯老之名"矣！

临别前，冯老对我说，在今年清明节前，他带领自己的一班弟子赴马鞍山凭吊林散之，并于3月23日写下七律，请我把它放在文章中。

我想，为了不影响文章的整体布局，就把七律作为结尾，以飨读者。

采石矶凭吊林散之夫子

名矶旧是吟哦地，十载重经又几回。
岭上诗魂谁伯仲，林间笔冢此崔嵬。
草堂佳气松还茂，牛渚悲歌声尚哀。
不尽江流今古感，临风凭吊且徘徊。

2019年9月28日

胡开建在书房

腹有诗书气自华
——记胡开建

"腹有诗书气自华",出自苏轼笔下,自宋以降往往是对饱读诗书、人品气质俱佳者的钦佩和赞誉。

在我身边,有很多人读了不少书,知识面也很宽,但未必能展现出"气自华"的气质。这是因为有些人死读书,读死书,不会做

2019年10月,胡开建接受采访

人；有些人读了一些书，口头表达能力也很强，但说一套，做一套，给人感觉很虚伪；而有些人读了很多书，交了很多朋友，知识面宽，人脉资源广，为人热情开朗，做事言必行，行必果。我以为这样的人才是真正的腹有诗书气自华。

胡开建就是第三种人。

我认识开建是20世纪80年代初，那时他刚刚从安庆市第四中学调任团市委任学校部部长，我在玻璃厂任团委副书记，1984年2月我调到安庆市委纪律检查委员会，他任团市委书记；1989年至1992年他任中共太湖县委副书记，我1995年至2003年任太湖县挂职副县长。

从仕途的经历看，我们有很多相似的地方，这样冥冥之中使我们有了共同语言。

我记得他在担任团市委书记时，总是要求各级团干部多读书，多买书，勤读书，读好书。

他强调读政治书籍。他对黑格尔的哲学、冯友兰的哲学史、毛泽东的哲学著作等，都颇有兴趣。

1992年3月，开建调任合肥海关工作，他在钻研业务的同时，案头经常有《红楼梦》《瓦尔登湖》《战争与和平》《红与黑》等中外名著。他尤其对《新华文摘》情有独钟，长期订阅，并将其中一些好文章剪下装订成册，保留至今。

读书成了开建生活中的至爱。

这些或许与他出生于山东曲阜，从小耳濡目染至贤礼教，知晓"读而优则立"的道理有关。

他深知读书是立身之本，而"立身以立学为本，立学以读书为先"。书读多了，自然而然就可以洞察世事，明晓事理；就会宽以待人，严于律己；就会表里如一，以诚相待。尤其作为一位领导，就会达到"居上位而不骄，在下位而不怨"的境界。

开建是这样想的，也是这样做的。

在山东曲阜，母亲孙惠亭怀抱两个月的胡开建

2019年9月，93岁的母亲孙惠亭荣获中华人民共和国成立70周年纪念章

他任团市委书记时，尊敬上级，关爱下级。尤其注重对基层团干部的培养。对安庆市工业局的一名刚刚大学毕业的团干部，积极培养其入党并多次竭力向其主管局领导推荐。开建的关心培养，使其一步步走上领导岗位，成为团市委走出去的一位重要领导。很多团干部都说，没有开建的提携，这位领导没有今天的成绩。

开建总是淡淡地说："一切都很正常，在其位谋其政。"

1987年，市政府分了两套配套的住房给团市委。任团市委书记的胡开建，尽管自己一家三口住在妻子单位的职工宿舍，但是他考虑到团市委机关和少年宫有工作人员40多人，其中有相当一部分职工都需要解决住房，他毅然提出自己不参与此次分房。

由于开建高风亮节，团市委机关的分房方案得以顺利通过，这在福利分房的年代里，成为一个亮点，多年被市直机关广大干部称道。

1990年7月，太湖县遭遇罕见的暴雨，花亭湖水位猛涨，溢洪道闸门开启后，洪水汹涌地倾泻而下，对长河堤坝形成了巨大的威胁。由于堤坝是用沙土堆建而成，难以抵挡大水的冲击和浸泡，堤坝危在旦夕。如果堤坝溃破，平地水深达四米以上，下游上千户老百姓的生命财产将受到极大的威胁，而此时老百姓还不知危险降临。

身为县委副书记的胡开建身先士卒，冒着倾盆大雨，置生命安危于不顾，带队逐村挨户动员撤离。这种情为民系、心为民想的奋不顾身的精神被安徽省知名作家熊尚志作为领导干部的典范写进小说《红尘男女》中。

是金子在哪里都闪光，为官做人在哪里都一样，这就是开建的特质。

开建在上海工作时，利用他在上海的人脉资源，为安徽的招商引资做了大量的工作，有些项目至今还在发挥效益。

胡开建与夫人曲直丽，摄于1990年4月

开建无论在职还是不在职，助人为乐的事太多，他不求任何回报，不收任何好处，不在乎别人褒贬。这不是无源之水，恰恰是他"腹有诗书气自华"的体现。

开建告诉我，读书不是为了拿文凭，评职称，充门面。读书最重要的是"学以致用"。

自己学到的知识与别人共享，自己的人脉资源能助人为乐，自己珍藏的好书，能借给别人阅读，这实在是读书人拥有的欣慰。

就读书而言，开建读书必做读书笔记，在深化理解的基础上，读书笔记就成了他随时参考备案的资料。

进入他的书房，只见一侧墙壁从上到下装修成嵌入式书橱，各类书籍摆满其中，一个大书案上摆放一个台灯和电脑，一摞笔记本和常看的书籍放在右拐角。

我随手翻看了开建的十几本读书笔记，有摘抄，有评论，有感悟。时间跨度大，旁门触类多，古今中外融会贯通。可以说这些文字，涵盖了他读书的全部，也涵盖了他人生之旅的踪迹，展示了他学而不倦的精神。

由此可见书房的主人就是在这个既简约又温馨的小天地里，看到了广阔的世界，多彩的生活，和纷繁复杂的社会。

开建对我说，有一次上海科学普及出版社总编陈纪宁说他有一本很值得读的书，现在新华书店已经脱销。开建向他提出借阅，陈总编说在他前面已经有几个人排队借阅了，如果你插队先阅，必须确保在两天内读完归还。

在工作繁忙的情况下，开建连续两个晚上通宵达旦读完了这本书。几十年来，开建就是这样，有好书必读，读必认真，并且"以文会友，以书会友"。因为读书，他与不少教授、作家、科学家、艺术家结成了好友。在交往过程中，他虚心学习他们严谨的治学态度，科学的思想方法，独特的思维方式，丰硕的创研成果，极大地丰富了自己的内涵。

开建读书，能够跳得出书本，同时他又把书作为自己密不可分的知己。

他曾经在多个城市工作，每逢举家搬迁，丢弃的是生活中的瓶瓶罐罐，甚至是较好的家具，而近万册书籍一本也没有丢弃，也丝毫没有损坏。妻子笑他是"孔夫子搬家尽是书"。

多年来，开建在报刊上发表随笔、散文140余篇；在科技类报刊发表科普文章20余篇；主持编印书籍刊物五种；参加科技专题研讨会8次，9篇论文刊于《科普研究》；参加科技类研讨会两次（含第五届海峡两岸知识产权研讨会），所写两篇论文均获奖并被刊印。

尤其是他在新冠肺炎疫情期间"躲进小楼成一统，管他冬夏与春秋"，面对青灯黄卷，摆脱疫情中的种种桎梏，克服生活中的诸多不便，过紧日子，当清静"和尚"，潜心与作家叶庆合著的30万字传记的《走近邓伟志》于2022年10月问世。该书以优美的文字、翔实的史料、感人的故事情节，让读者领略到活生生的中国近现代史，以及邓伟志先生的家族和他成长、生活、情感、求学、治学的风貌，凸显了邓伟志先生行走在社会各界几十年"与世有争，与人无争"的品质；让读者走近了上海大学终身教授、著名社会学家、杂文家邓伟志先生的世界。

进入2023年，胡开建又与叶庆合著新书《走近李宏塔》，该书于10月出版，并入选中宣部2023年主题出版重点出版物选题。两年出版两本人物传记，可谓是厚积薄发，才华横溢。

开建读书几十年一以贯之，这与他良好的家风是分不开的。

开建的父亲胡成斌是一名身经百战的军人，自幼好书，在部队经常是书不离手。在那个年代部队干部能够自学达到高中语文水平是不多的，他给人代写家书、写作战总结与宣传报道是信手拈来。抗美援朝期间，胡成斌在24军任侦察处处长。24军参加的1953年夏季反击战役，是抗美援朝战争中志愿军毕其功于一役的重要战役。大战将临，首先要研究、掌握敌情，胡成斌领导侦察处的全体指战员担负着侦察敌情、勘绘地图、审问俘虏的任务。他们夜以继日、不怕牺牲，精益求精地完成了一项又一项勘绘、侦察任务。从而让军首长清楚地知道，24军面对的是美军第三师、南朝鲜军第九师、首都师共计5个国家的军队，总计兵力4.7万余人。敌人阵地以坑道或半坑道为主，由堑壕、盖沟相连接，筑有各种地堡群，构成了环形防御的连、排支撑点，既能独立作战，又能互相驰援。在敌阵地前，还设有各种障碍物，多达十几道，其中铁丝网就有3至8道。此外，还布有各种类型的地雷。根据侦察掌握的这些情况，军首长确定了首次攻击的6个目标，6月10日开始了第一阶段的反击作战。战役顺利地推进了一个多月，军首长从军用地图上看到，注字洞南山是一个突出部，拿下它，

1953年任志愿军24军侦察处长的胡成斌

可以把我方的防线拉直，对停战之后我军防御态势的改善十分有利。7月13日21时，攻打注字洞南山的战斗打响，因我军准备充分，三个小时就攻占了阵地，歼敌三个营，重创敌1个营。24军在夏季反击战役中共歼敌一万多人，战果辉煌。夏季反击战役沉重打击了美军和南朝鲜军的嚣张气焰，迫使他们于1953年7月27日在停战协定上签了字，抗美援朝终于胜利宣告结束。战役结束后，胡成斌领导的军侦察处受到军首长的嘉奖。军长皮定均也与胡成斌建立了更加亲密的上下级关系，当中央军委调他去福州军区担任司令员的命令下达后，他把一张亲笔签名的照片送给胡成斌作为纪念。

也可以这样说，胡成斌能有这样的殊荣，得益于他的勤奋学习、英勇无畏。

我的哥哥毕家龙，曾经在安庆市城建局当测绘员。提到胡成斌，他记忆犹新。他说："胡成斌的家风很好，是一个读书人家，上个世纪六十

 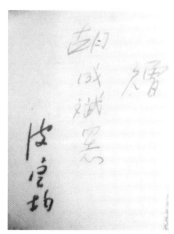

| 皮定均 | 皮定均赠胡成斌亲笔签名照 |

年代初,安庆市第一份千分之一的地形地貌图就是在局长胡成斌的领导下完成的。可以说,这份测绘图是安庆的市政建设最早的蓝本……"

不难看出,胡诚斌在部队爱读书的喜好形成的秉性遗传给了几个子女,在开建身上体现得尤为明显。

今天,开建仍然以孜孜不倦的学习态度,认真读书,以此来滋润自己本真的人生,用童真之心面对纷繁复杂之红尘;以读书得趣似神仙的心境,展示出那将要老去的岁月依然风情万种。

光阴流逝,岁月匆匆。不变的是开建每年依然读书达100册以上,读书笔记达5万字左右。他认为"丈夫拥书百卷,何假南面百城"。他把古人"学以聚之,问以辩之"作为读书的座右铭。

开建的读书经历告诉我,倘若读书人皆持之以恒地读书——细细地读,静静地读,慢慢地读,那么何须"问渠哪得清如许,为有源头活水来"呢?

或许"腹有诗书气自华"缘于同理吧!

2023年5月2日

才子画才子,彤管写春秋
——记陆平

陆平

初识陆平是在40年前,因为我在安庆市人民路上的"大会堂"橱窗里看到一幅描绘郭沫若的版画,我记得我当时去毗邻橱窗旁边的售票处买朝鲜《卖花姑娘》电影票。晌午时分,一排七八个橱窗的前面,只有我一个人的身影,我欣赏好久。因为郭沫若当时是全国人大常委会副委员长、中国科学院院长,新闻纪录片中周总理接见外宾时经常看到他的身影,还因为我读了不少郭沫若的散文、诗和小说。这幅版画把郭沫若的沉思、安详、睿智展示得栩栩如生,尤其是画面抓住了郭沫若耳背这一特征,助听器的线恰到好处地拖挂在胸前,为整个画面增添了某种神韵。

版画《郭老》

我喜欢这幅版画,因为笔墨简洁,用黑白两色勾勒出人们熟悉的人物形象,若稍有疏忽,便失去意蕴。这幅版画的成功就是让读者留住脚步,细细品味,可谓是"技可进乎道,艺可通乎神"。此言极是。

我当时从未和陆平接触过,也不知其甲乙丙丁、戊己庚辛。但

著名旅法画家朱德群在欣赏版画《郭老》

法兰西美术馆馆长在欣赏版画《郭老》

就在这一瞬间，我感受到了版画艺术的震撼力，其画面黑白相间、刚柔并济、老成练达、了无闲笔。墨重痕淡、得尽其妙，犹如培根下笔如举千钧、踌躇再四；乔叟下笔如行云流水、无拘无束。这幅画仅用黑白两色展示了版画力透纸背存骨气、入木三分凛风神的特征，将人物展示得栩栩如生。

所以我格外关注作者的姓名，从此陆平这个名字就落在我的记忆里。

似乎冥冥之中有一种看不见的情愫的牵扯，在与文友的交往中，我偶然听到陆平1978年创作的这幅"郭老"被中国美术馆、日本东京美术馆收藏。毋庸置疑，这种国家级美术馆的收藏，足以说明陆平的版画艺术达到了相当的高度，充分展示了陆平版画技艺的娴熟和创作水准的高超。

后来才知道这幅《郭老》是陆平因"文革"停笔十年后的第一幅作品，也是他迎来艺术生命第二春的象征。郭沫若是举世闻名的大才子，陆平创作的版画《郭老》，可以说是"才子画才子，彤管写春秋"。

2004年，安庆市美协换届。我作为作协的特约代表列席了会议。这一次会上，我近距离接触了陆平。一米八三的身高，白皙的皮肤，健壮的身躯，形象比实际年龄要小得多，当时我以为他还没有退休。

我与他第一次交流，简短的几句话，我感到他说话的嗓音浑厚，态度谦和，眼睛炯炯有神，有一种不卑不亢的气质。会议期间的交谈，我大致了解了陆平艺术人生的脉络。

陆平的绘画从1960年安庆市艺术学校（后改为黄梅戏学校）起步，后进中央美术学院版画系深造。1964年他刚刚19岁，创作的版画《胜利属于非洲人民》和《驯山》两幅作品参加国展，被天津博物馆收藏。并由国家对外文化联络委员会在已建交的非洲八国同时展览。陆平后来创作的中国画《皖江九烈士》曾在北京民族文化

《胜利属于非洲人民》

《驯山》

宫展出,《马炮营起义》曾在全国政协礼堂展出,并被武汉市政协收藏。

陆平在听雨书屋

陆平的创作可谓硕果累累,因为家中住房面积小,他把这些版画作品存放在安庆市图书馆。大概在1997年前后的冬天,因图书馆失火,这些作品付之一炬,他历年创作的版画原版和部分作品都化作青烟。

面对这意外的打击,陆平没有气馁,仍笔耕不辍,更加潜心于创作之中。

后又创作了巴金肖像,题为《我们的生命必须开花》,并参加全国美展,此作品被神州版画院收藏。

一个人的版画作品有多幅被博物馆收藏,没有雄厚的文化底蕴和专业技艺,是达不到如此高度的。这种高度是文化修养的高度,也是精神修养的高度。只有这两种高度的融合,才能创作出"高度"的作品。

他向我们走来,
从并不遥远却又迷雾重重的历史深处;
他向我们走来,
从那已经无迹可寻的安庆南水关故居旁;
他向我们走来,
带着江津潮湿的寂寥和挥之不去的国殇;
他向我们走来,
挥洒着漫天飞舞的传单紧挽着神圣劳工的臂膀;
他向我们走来,
高擎新文化的大纛,播撒着《新青年》的墨香;
他向我们走来,
终见毕生为之奋斗的德先生赛先生在今日之中国高扬;
他向我们走来,
宛若慈祥的长者,没有横眉冷对,没有剑拔弩张;
他向我们走来,
带着永恒的微笑,没有半点遗憾,没有一丝忧伤;
他知道普罗米修斯还在被锁在高加索的悬崖上,
一次次奉献着热血和肝脏

陆平1945年出生在一个书香门第,父亲解放前夕毕业于安徽大学经济系,后从事教育工作。由于家庭的熏陶,陆平养成了"两书不辍"的习惯:一是书法不辍,二是读书不辍。冯仲华先生说:"我和陆平总是在书店碰到,'文革'中由于'白卷英雄'的影响,看书买书的人越来越少了。"由于陆平勤奋好学,当年20多岁的他就展示出对版画艺术的天赋,大有"少年自负凌云笔""长恨世人新意少"之才气。当时的省美协主席鲍加称他为少年得志,意气风发。在陆平1980年结婚时,鲍加特地送了一幅油画,以示祝贺。

若没有"文革",1964年才19岁的陆平,恰如1498年23岁的米开朗基罗,或许能创作出《圣母玛利亚》那样的经典作品。

客观地说,版画《郭老》在当时像是一块巨石投入平静的湖水,掀起了巨大的波澜。在万马齐喑的氛围中,引领了安庆版画的新潮流。很快,安庆版画形成了一个创作群体,一大批版画作品如雨后春笋,在全国版画界产生了巨大的影响。

一时间,陆平的影响力名噪安庆,美传京城,惊艳东瀛(作品被日本国家博物馆收藏)。

青年才俊的形象令安庆市的无数粉丝着迷,他与夫人王易风上下班的途中引起众多粉丝驻足。这个时候的陆平,心里是美滋滋的,他总是对关注他们的粉丝莞尔一笑,其夫人更是满面春风,好不幸福。

天长日久,夫妇俩携手而行的身影,成了人民路上一道靓丽的风景线。

安庆正是因为有陆平创作的版画《郭老》声誉的影响才使版画队伍得以不断扩大,创作水平很快提升,一批后起之秀闪亮登场。在陆平的提携和关心下,版画家们开创了安庆版画创作的新局面。

他培养的学生中,硕果累累者不乏其人,

陆平与夫人王易风摄于20世纪80年代

他们的作品频繁地参加全省全国版画大赛,使安庆的版画群体和创作水平走在全国的前列。

在以后的日子里,陆平又改以国画人物画为主,前后创作了上千幅作品,参加各级画展,数百幅均获奖。

一路走来,陆平的版画、国画人物画在省内外具有较大的影响,他成为安庆版画界承上启下的领军人物。

陆平创作精力旺盛,笔耕不辍,他被吸收为中国美术家协会会员、中国版画家协会会员,担任安庆美术家协会名誉主席、安庆政协书画院美术顾问等职。于1995年从安庆画院创研室主任的位置退休。

陆平退休后,上午写字绘画,下午锻炼,晚上看书。有时候有学生上门请教,他热情接待,他的学生大多是安庆画坛当今的中坚力量,也是活跃在国内外的知名画家。

陆平现在住在原文化局宿舍的五楼,这是一栋比邻于原来市图书馆、现"前言后记"的中心地带,闹中取静。站在阳台上,可以俯视"前言后记"的整个庭院,人民路步行街部分街景尽收眼底。

我长时间地站在阳台上俯瞰"前言后记"的建筑,整体就像北京的四合院,黑色的墙体,白色的砖缝,窗子的形状是竖长方形的,弧形铰拱的窗眉,木质的窗框,镶有磨花玻璃。这种装饰风格很容易让人想到西方国家的教堂,凸显着

20世纪70年代的陆平在书房

凝重、沉寂，散发着静谧。

我想，陆平在读书作画放松之余，肯定也会站在这里，静静地享受这一片清静的时空带给他的闲逸。因为这一片空间与现代建筑千人一面的风格相比，给人的感觉，却是别具风情，大有错把杭州当汴州的幻觉。

陆平居住的宿舍在当时是比较好的，面积也算是大的，没有公摊面积，相当于今天一百多平方米的房屋。尽管没有电梯，房屋结构也没有现代公寓宽敞明亮，但闹中取静，诸事方便，为陆平的退休生活和文化创作提供了非常理想的环境。

他住的公寓坐北朝南，五楼的三室一厅，南面两间，一为卧室，一为客厅。南面一间厨房，厨房窗外又是另外一栋楼，间距不是很开阔。

十平米的客厅里东面的墙上悬挂着一幅省美协主席鲍加为其结婚画的油画《扳罾》，西边是一组三人沙发，靠南面放了一组两人沙发和茶几，北面是一组书橱。客厅可以走动的空间很小。

于是，他将五楼的平台改造成一个大约16平方米的画室，画室的高度很低，门框快要碰到头，类似于上海的阁楼，窗户也只有现在常见的窗户一半大。一盏吸顶荧光灯，和一台单体空调解决了照明和冬暖夏凉的需要。他因喜欢陆游笔下"小楼一夜听春雨，深巷明朝卖杏花"的意境，便把这两句诗刻成印章作为"引首章"，作画必用，并把画室称为"听雨书屋"。听雨书屋成了他创作每一幅作品的灵感发源地，一幅幅作品从这里走向外部世界。

一进听雨书屋，只见墙上挂了描绘陈独秀向我们走来以及邓石如和海子的画像，两组靠墙书橱，摆满了各类版画、国画、文学书籍。

一张将近四米长、一米多宽的画案，占据了一半的空间，上面摆放了颜料、笔洗、色盘、书籍和几叠宣纸，厚厚的桌毯上沾满了各种各样的颜料的污渍。

陆平作品的部分收藏和入展证书

近半个世纪来,陆平就是在这样的工作室,看书、学习、作画。他为安庆文化艺术的发展,创作出具有一定影响的作品。

值得一提的是,陆平写的《周瑜籍贯考》和《李公麟籍贯正误及文人画之滥觞》两篇论文都很有见地,值得史学家参考借鉴。

他的书法也有一定的造诣,我认为他的版画知名度淹没了他书法的知名度。

陆平是安庆一位有真才实学、为人和善的才子加美男子,郭沫若是举世闻名的大才子。"才子画才子,管彤写春秋"是业内人士的美谈。陆平成为安庆版画界的领军人物,并非过誉。他不负众望,以积极谦逊的姿态进行版画再创新的探索,以适应新形势下的需要。他不惜牺牲自己的休息时间,讲学、交流、创作,使安庆版画的创作队伍不断扩大,创新之路加速延伸、拓展。

安庆是历史文化名城,有陈独秀故居、吕八街各省会馆、曾国藩创立的军械所、大观亭等众多的历史遗迹。在老城拆迁时,陆平与安庆的一大批文化精英呼吁"保护老城,开发新城",可惜,这一真知灼见却未被采纳。我和几个哥哥都一致认为,这批文化人恰如北京当年老城拆迁时,以梁思成为代表的保护老城的意见一样,显得多么微不足道。

历史已经证明"保护老城,开发新城"的理念多么正确、多么超前,值得赞颂。毕竟有着几百年上千年文化积淀的古迹遗址已灰飞烟灭。

掩卷沉思、言归正传,我们在任何时候都可以从版画《郭老》的画面感受到从中溢发出来的平实、厚重、神韵,这种氛围在书画艺术作品中一向被认为是难以企及的境界,而德艺双馨的陆平做到了。

才子画才子,彤管写春秋,是版画成就了陆平,还是陆平推进了安庆版画队伍的发展壮大?我想,两者兼而有之吧!

20世纪80年代陆平在作画

2019年10月20日

锦绣华章满肺腑，笔端写出惊人诗
——记沈天鸿

在我采访安庆读书人家的对象中，沈天鸿的文章最好写，也最难写。好写是因为我需要的材料已经有现成的文字，不用思考，东摘西抄就是一篇文章。但我不愿意沽名钓誉，将别人的文字改头换面作为自己的东西。难写是因为沈天鸿的亮点太多，怎么写还是逃脱不了照葫芦画瓢的嫌疑。

难怪在采访中我不停地记录时，沈天鸿说："你不需要记，我把一些文字材料传给你，这样方便些。"我欣然答应。

星期天的晚上，我在书房静静地思考如何入笔时，手机

沈天鸿，摄于2012年

微信频频响起，我一看是沈天鸿发来曾经在省内外，甚至国家级报刊发表的一些大家对沈天鸿诗作、论文和取得成绩所写的一些文章。

1979年，在读大二的沈天鸿

我认真拜读后，这些精美的文字正中下怀，可谓是得来全不费功夫。于是我将这些大家笔下的文字，经过调整加入自己的一些思考，增加小标题，展示于读者面前，共赏安庆才子沈天鸿的风采。

沈天鸿，高级编辑，中国作家协会会员，安徽省作家协会第四、第五届副主席，安徽省散文随笔学会名誉会长。曾任安徽省报纸副刊研究会副会长、兼职教授。主要作品有诗集《沈天鸿抒情诗选》《另一种阳光》，散文集《梦的叫喊》《访问自己》，文学理论集《现代诗学》等。主编有《青少年必读的当代精品美文》丛书20卷。国内40多家出版社出版的《新中国60年文学大系》《中国当代诗歌经典》《第三代诗新编》《中国新时期文学研究资料汇编》《中国现代名诗三百首》等选本收有其作品。《现代诗学》建构了中国现代诗理论，被大陆和台湾地区一些高校列入本硕博"必读书目""学位指定参考书"或用于授课，应用专业有汉语言文学、语言学、新闻学、广告学、外国语等；其中一些理论观点和术语较广泛地被应用于文艺评论和理论研究。

一、少年自负凌云笔

沈天鸿这个打鱼出身的孩子没有上过中学，然而1978年恢复高考时却考了望江县的总分第一。某天中午公社书记跑到他家说："县委办公室主任请你去一下。"他父亲不知所措。天鸿眼都没抬一下，应道："等我吃完饭。"公社书记忙说："现在请你去，就是请你吃饭呀！"一脸中和之气的23岁的天鸿说："那把我爸妈都带上吧？"这个在打鱼船上长大的孩子用商量的口气说出的话，却含着一种不能改变的意味。到了县委，办公室主任问他："你连中学都没上过，却考了这么高的分，是怎么复习的呢？"天鸿说："趴在船帮上呀。"引得大家哄堂大笑。没错，少年天鸿即为高考先锋，而且高中榜首。

沈天鸿，摄于1985年

沈天鸿低调做人，高处做事，默默研读，悉心体悟，古今中外，追根溯源，孤苦耙梳，蓦然惊喜，奋笔疾书。他陆续写了几十篇从诗歌形式到诗歌美学方面的文章并发表。正是这个时候，我知道了沈天鸿的名字。他第一个既系统完整又旗帜鲜明地指出了"现代诗的特质是反抒情或思考"，而且行文中多次使用自己发明的"冷抒情"这个陌生的诗歌理论概念（见沈天鸿《现代诗学》，昆仑文艺出版社1985年版）来解读当时的先锋诗歌。时至今日，其影响仍然深植于相当一部分诗人心中，只是早不认他这个"先锋"而自诩为"先锋"了。

我欣赏他的反抒情与倡导诗的理性思维的诗歌理念，但不同意现代诗只用"冷抒情"，而排斥"热抒情"的"单边"写作方式。也许矫枉过正，他的理论对于新诗半个多世纪以来沿袭的极端膨胀的"热抒情"来说，的确具有断喝与拨乱反正的意义。前不久，省城合肥一位很有建树的文友在安庆与沈天鸿相聚，我对他说："当年你可是绝对的先锋啊。新诗发展到现在，得冷热结合着写，老那么按着写、冷着写，诗就丧失感染力啦。"他温婉轻灵、亲切含蓄的语调又飘过来了，应道："历史上真正流传下来的诗人有两种：一是开场诗人，二是收场诗人；我是前者，你是后者。"他还在我先，我笑说：

"这又不是煮酒论英雄,怎么说着说着就互相吹捧起来啦。"我们俩顿时语塞。

诗人海子的名望早已响彻大江南北。认识不认识的人都写文章纪念,好像只要认识海子,诗就肯定好。天鸿没这个雅兴,虽然安庆的诗人都知道海子极为敬重天鸿,甚至早在中学时代就把沈天鸿的诗抄了一本子。海子从安庆考上北大之后,每当放假归来,也总到天鸿家喝酒。别看海子又瘦又小,比天鸿小八九岁,但酒量很大,一斤下去像没事儿一样。我问天鸿:"你为什么不写写海子呢?"他说:"我不能写。我认识的海子与现在人们说的海子完全是两个人。"我说:"那写出来更有意义呀!"他没有正面回答我,他说:"海子最后一封信是写给我的,上面只有一句话:'我还活着呢。'"

"他什么意思呢?"省城文友问天鸿。天鸿说:"也许他认为,我活着,真实的海子就活着。等我老了,我要一个字一个字地像抽丝那样,把记忆中真正的海子写出来。"我感觉这个老先锋,现在已经

沈天鸿在书房

不爱当先锋了，但却更忠于自己内心的世界，豪华落尽，该都是干货了吧？

二、新诗潮最重要的诗人和理论家

沈天鸿是现代诗潮（新诗潮）最重要的诗人和理论家，也是中国当代诗坛少数既有丰富的创作实践，又建构了自己诗学理论的人。立足于丰厚的母语之上，他的语言达到一种炉火纯青的境界，朴质、浑厚、清澈、洗练，焕发出自身所独有的质地和光芒。而对西方诗歌和中国古典诗歌的打通，以及对现代口语的熔铸和提纯，又使他的诗自由灵动，独特而不可复制，如论者所形容，"在即将崩溃的悬崖上保持危险的平衡"。

他是朦胧诗之后，较早自觉进行语言探索的现代诗人之一，他于1988年提出的"反抒情或思考"这一"截然区别于前此一切诗歌亦即广义的古典诗歌的特质"的现代诗概念，大大掘进了中国现代诗的表现深度，当年影响了一批"先锋"诗人，至今仍有生命力。他的《现代诗学：形式与技巧30讲》是中国第一部系统阐述现代诗歌形式技巧，明确同一技巧现代与古典区别之所在的诗学专著，诗人的写作经验和对诗的认知，使他的诗歌理论独具一格，远离空谈。他也是少数几位30年来仍保持创作活力的诗人之一，在同时期重要诗人都渐行渐远、不再写诗的今天，他近期发表的组诗《中国声音·苍天的声音》《莽莽昆仑》等，仍保持了很好的状态和很高的水准。

卓然独立于任何群体和宣言之外，沈天鸿默默建构和完善着现代诗学理论，并在写作中始终践行自己的诗学理念。现代诗的感觉，现代诗的质地，和现代诗人忧郁的气质，使他的诗歌犹如夜空中的星光，明亮而深邃，让人在仰望的同时陷入沉思。

三、诗人兴会更无前

沈天鸿的诗歌创作是与朦胧诗的崛起相伴的，也就是说，他的诗有着强烈的现代性。《黑鸦》可以看作是对现代人生存和现代诗自身的存在本相、精神特质与本体追求的一种诗性把握与呈现。名篇《秋水》写出了他对人生与自然的诸多思索："我总说：秋水在远方/总是忘了/这句话就是秋水//我说这句话时正是夏季//这句话一出口/秋水就淹没了/我的脚背//站在秋水里我总说：/秋水在远方/日子，就这么过去。"诗人通过秋水，照见自身的生存状态，对生活中一切美好而又极易失去的事物和人进行了深刻观照，并置身于对这个美好的事物的不懈追求之途，进而在恬淡中步入澄明之境。这首诗看似简洁却饱含着复杂的意蕴，具有多种阅读的可能性。首先秋水这个中心意象即具有多重隐喻，它既象征着时间、爱情和美好事物，也喻示着一种沉静、清澈、空茫、幽远、澄明的境界；在艺术上，诗人化实为虚，化虚为实，虚实相生，回环往复，一咏三叹；同时，悖论性循环也使得诗歌结构具有强烈的张力。

一直以来，沈天鸿都秉持着诗的理性思维的诗歌理念，在《还乡》中，他写道："我平静地让草割伤我的脚/来看这些/黑暗中的我的亲戚。"这是理性回归的精神指向，灵魂高度自由的空间象征。而在此之下，那些必须忍受的事物，它们所具有的黑暗中的不安、深思、惊恐，完全统一于理性精神的彻悟中。诗中的故乡，除了人类原乡这一内涵之外，还指代人生终极的归宿，因此，这首诗所达到的高度，显然更胜于普通意义上的归乡情怀了。

对理性精神的推崇必定会带来诗歌浓厚的哲学意味，这是沈天鸿对社会与生活不断思考的结果，在《悖论》中他说："我梦见我两次/涉过同一条河流。"显然，这是一个经典的哲学命题。而诗人告诉我们的是:"在不同的空间里、却在/完全相同的时间里。"《深秋的果园》则引发出诗人对空间与时间的思考:"一个人站在树下/沉郁地默想着所有不在此地的/果实/它们轻轻震颤,仿佛飞翔/经过思想和思想中的反思想/使空间和时间改变了质量。"

与在外漂泊的其他诗人一样,沈天鸿在诗歌里充满了对故乡的思念、对童年生活的温馨回忆,家乡的一草一木都激发了他无限的诗情。在《在乡下》中,诗人就罗列了晚上、暮色、小雨、蘑菇、泥点、劣质卷烟、灯,等等,一系列与乡村生活有关的场景与道具组成了一首韵味十足的乡村牧歌:"点上灯,一些东西立刻就/真实却又陌生,认识它们/要冒一点意外的危险",而《夜间的老水车》又让诗人回到了难忘的童年时代:"路途遥远,老水车/和所有更深地埋在黑暗中的/东西/都住在水的外面。"

诗歌创作之外,沈天鸿在诗歌理论上的成就也更显光彩,他主张将深厚民族传统文化的精髓与敏锐而深刻的反思、追问的现代诗歌精神进行有力的结合。他不仅主张努力从中国古典诗歌中汲取营养,更强调现代诗的形式和技巧的探索。他认为:"诗的形式是诗得以存在的不可或缺的根本,没有诗的形式,就没有诗""有没有本体,什么是本体,这是诗学的一个根本问题,也是焦点所在的一个问题,诗学的其他问题都由它派生,一切分歧也由此产生"。此外,沈天鸿还是中国文艺批评界最早对后现代文学现象进行发现和研究的批评家之一。早在20世纪80年代中期,他就写作了《中国

青涩年代养珍珠

后现代主义诗歌及其批判》一文，对中国后现代主义诗歌现象予以了清晰而理性的分析，并把这种思潮对中国新诗的影响予以独到的阐释。而直到好几年之后，理论界才逐渐出现"后现代"热潮。可以说，沈天鸿不仅散发着诗人的儒雅，而且深具一位学者的理论素养、敏锐观察力和思辨力。

四、创新理论引领百年风华

有人说沈天鸿是安庆第一才子，是也！因为目前在安庆市还没有发现在诗界有创新、创立新理论的诗人。

沈天鸿可以说是"弄潮儿向涛头立，手持红旗旗不湿"。鄙人独家之言，沈天鸿在诗词及理论创新方面取得的成绩和造诣比海子要强，但海子的名声誉盖天下。海子的"面朝大海、春暖花开"和"亚洲铜"，文学圈子内，谁人不知，但沈天鸿就没有这样的幸运。时势造英雄，海子在恰当的时候、恰当的地点、恰当的年代出现在人们

沈天鸿作品

的面前。

但沈天鸿的才华不会被淹没。

安徽文学馆2014年开馆,安徽作家阵容和安徽文学的硕果展,安庆作家只有石楠和沈天鸿名列其中,足以说明沈天鸿的水平和实力已经达到了"锦绣华章满肺腑,笔端写出惊人诗"的高度。

2023年5月30日

曹新吾步云楼书房

读瓷著书人
——记曹新吾

菊香淡淡的秋日，我们叩开玄关二门主人"步云楼"的幽居，专程采访陶瓷鉴藏家曹新吾先生。

曹新吾，1945年10月出生于湖南衡阳一户读书人家，系河南迁湘饬纪堂十九世裔。六十岁后因心仪秦砖、汉瓦、阳羡陶、景德镇瓷而自号瓦叟、瓦翁，别署稻花主人、守拙外史、菩提林侍者、非想非非想过客。幼承庭训，先后

曹新吾在步云楼书房

就读于冠子街中心小学、衡南三中、大刚中学。毕业于吉首大学，深造于中国文化书院。其接受传统文化的途径异于常人，除父家炳公继承祖上大源堂部分藏书与母亲罗芳英妆嫁图书及庶母夏金玉带

年轻时的曹新吾

过来的唐诗宋词元曲选本外,小学王菖茀老师见其入校即粗知古文,特地将自己看的《西游记》《水浒传》《红楼梦》《三国演义》全部赠与。尤具戏剧性的是,日日放学他必经天主教堂对面一教民家,主人肖老五,四十多岁,虽不识几字,家里却有许多石印绣像线装书,如《粉妆楼》《天雨花》《金瓶梅》之类,杂七杂八。肖老五自己不会读,一次听说曹新吾年纪小却识字不少,便以四碟瓜子糖果招待为条件,问其能否每天放学经过都来帮着念一两个章回。曹新吾见有新书读,还有零食,自然乐意。这样,他小学尚未毕业,就已结结巴巴半念半蒙地读了几本古典小说。而对他影响最大的,是吉首大学和中国文化书院。吉首大学虽僻处湘西土家族苗族自治州,却钟灵毓秀。"湘西在哪里?湘西在黄永玉的画里。湘西在哪里?湘西在沈从文的书里。湘西在哪里?湘西在宋祖英的歌里。"苗歌伴土家民谣式的问答,把一所地方高校的人文特色与艺术氛围表述得盖世无双。事实也确是这样,吉首大学建有三层楼的黄永玉博物馆,还有铜像巍巍的沈从文研究室,走出去的宋祖英仍是校音乐舞蹈学院客座教授。至于中国文化书院,更是闻名中外,所聘导师都是来自北大、清华、港台地区及欧美国家的一流高等学府。曹新吾在书院学的是中外比较文化专业,有比较文学、比较史学、比较哲学、比较美学、比较法学等课程,既开阔了视野,更深化了对传统的认知。有这样的教育背景，脱颖而出便在情理之中。其退休前曾任中国国情研究会研究员，安徽省教育学会教育史专业委员会副主任委员，安庆市收藏家协会副会长。现为江苏省古陶瓷研究会顾问，景德镇青白瓷研究会顾问，江西省文化艺术基金资助项目青白瓷半刀泥人才培养高研班首席导师。

曹新吾藏书颇丰，20世纪特殊时期时，架上仍有数千册，《全唐诗》《全宋词》墨香扑人眉睫，还不乏《甲骨文合集》《金文诂林》《说文解字诂林》等一般地市级图书馆也不会轻易购藏的专业性极强的典籍。爱读书的人，必然十分爱惜书。据其夫人钱秀珍女士说，每当出差有新书购回，他常是用衣服包裹加以保护。且读书前必盥洗，一本书看过多回，也不卷角、不毛边、不缺损，品相可观。

曹新吾讲学

我们一行走进步云楼，就像进了文史图书阁，又像进了陶瓷陈列馆。有青花，有粉彩，有单色釉，有民窑，有官窑，还有国外窑口。当问及瓷器什么为佳时，曹新吾说他最欣赏的是民窑，因为民窑是官窑的母本。接着又说，他最看重的是瓷片。步云楼藏瓷中相当部分是瓷片,有好几百块。与曹新吾交流,他认为这些博物馆不收、古玩店不卖、过路人随脚踹的瓦砾,都是宝贵的文化载体。用他的话来说,瓷片是文明的碎片、历史的底片、陶艺的芯片、经典的样片、古代匠师的名片。他还总结为一点,瓷片就是"片面之瓷"。他告诉我们,中国的英语称谓是China,瓷器的英文名字也是China,陶瓷学就是国学的一部分。温文尔雅的曹新吾,眉宇间蕴藉着中国几千年来读书人的风采和气质。听其侃侃而谈,我仿佛看到他在讲台上意气风发、旁征博引,讲述民窑官窑时传道、授业、解惑的情形;眼前似乎闪现出在他文中介绍的隆庆开禁时月港千船万帆,载着一箱箱瓷器驶向世界的史影。

除收藏研究瓷器外,曹新吾也与夫人一道写字画画。他有三枚闲章,都与读书、写字、画画有关。

一枚印文为"新吾故我"。他说,中国文化书院倡导的风骨节操,是他永恒的表率。请人刻此印,亦即要像先师那样,吾日新,我仍故。

一枚印文为"新吾旧墨"。这是他的书画应酬章,用得较多。笔耕之余,曹新吾常画几笔梅兰竹菊以遣兴。师友通信,常用宣纸毛笔,一些书名亦自己题签。他认为,一切过往,皆为序章,无古即无

2019年青白瓷展览上留影

今，无旧亦无新，不能割断历史。

一枚印文为"书中自有新吾"。这是他的藏书印，专请著名金石书法家卢安民先生奏刀。印文出自《庄子·田子方》："虽忘乎故吾，吾有不忘者存。"郭象注："虽忘故吾而新吾已至，未始非吾，吾何患焉？"方寸之间寄托着读书人"苟日新，日日新，又日新"的进取情志。

三枚书画印，也体现了书画修养被赋予的新意：绘画能与新书同步结成翰墨缘。步云楼是个名副其实的读书人家，祖孙三代都受过高等教育，夫人钱秀珍是安庆市美术协会会员，作品曾获全国老年书画大赛优秀奖和金奖。曹新吾也写字画画，友人曾为其张罗著作、藏品、书画展，他笑道："我的字画就像书窗清风远山闲云，只堪自娱悦。"不过他一再强调，书画绝非单纯的清玩墨戏，应是陶瓷考古的一项基本功。他指的是二十多年前，香港一位身价过亿的大

曹新吾夫人钱秀珍的山水作品

藏家在从事房地产之余出了一本近现代陶瓷专集，将几件清末民初以古代名画为蓝本绘制的粉彩器物破天荒地标为"浅绛彩"，一位泰斗级的陶瓷学家在序言中突出了这一新的"瓷彩"命名。因此前各种图录都未出现过，一些古玩贩子便以"新发现"为由头大肆炒作，其价格甚至远远超过了晚清官窑。不少"烧冷灶"的报刊和出版社也忙不迭地将一些粉彩器物标上"浅绛彩"刊发乃至结集出版，地摊上"浅绛！""浅绛！"的叫卖声更是不绝于耳。个别没藏品也没画过画的写家还在网上发帖有偿征集"浅绛彩"照片，准备投稿或出书。曹新吾多次谢绝此类名为研讨实是促销的集会邀请，并在多个场合指出："乱标浅绛彩瓷是个美丽的错。"瓷器从色彩说，有红彩、蓝彩、绿彩、黄彩、墨彩；从彩质说，有古彩、粉彩、珐琅彩；从彩数说，有单彩、三彩、五彩；从彩位说，有釉上彩、釉中彩、釉下彩；从彩法说，有青花加彩、青花斗彩、刻瓷敷彩，未闻有"浅绛彩瓷"。"浅绛"一词出于元代黄公望，是黄氏为突破水墨山水、青绿山水、金碧山水之藩篱，以墨稿着浅赭再略施青花绘制《富春山居图》而摸索出的一种山水设色新法。"浅绛法"是设色，不是彩色。且"浅绛法"仅限于山水，将人物、花鸟、博古、清供等题材或大红大绿的画面统统称为"浅绛"，甚至把这些画师的单件书法也标为"浅绛"，是极不严谨的。为证其说和表示实物研究是不能逾越的铁门槛，他将自家所藏数百件被误称的所谓"浅绛彩瓷"以《新派粉彩名家作品集》为书名交湖北美术出版社出版。绘画科班出身的余澜副社长力挺此说，后来景德镇陶瓷大学美学研究所主任、复旦大学博士任华东教授在《从身份变迁到粉彩传承》一书中亦欣然从之。有人问：既然如此，为何不将"浅绛彩瓷"定为"伪命题"呢？他笑道：不能这样，学术探讨应尊重不同意见。"浅绛彩"误判当从"彩色""彩质""彩数""彩位"概念中剔除，作为一种彩法亦即设色法（也就是配色法）还是可以成立并实际存在的，只是将

"红黄蓝白黑"都以"浅绛彩"名之,是犯了以偏概全的错误。由于种种原因,我们前些时处于历史断层阶段,相信几十年后,学术界会纠正这些紊乱现象。历史有自净能力,谁也搅浑不了。不过,必须有人出来指谬纠偏,否则,后世会笑我们这代无人。听了这些话,我们在为其《新派粉彩名家作品集》拍照时不约而同地感慨:从自己藏品研究出发立论与借书本和网络上他人东西跟风,真是判若云泥。

曹新吾读书,除广涉经史子集外,还力求贯通中西。他说,西方将品评文学艺术的文字叫"论文",中国则称为"文论",诸如诗论、书论、画论,等等。他自己是兼收并蓄,还对俄国车尔尼雪夫斯基《艺术与现实的审美关系》与我国南朝刘勰《文心雕龙》做过详细的比较。安庆市博物馆长胡寄樵、画院院长姚道余、著名画家韦远柏的书画评论,有些就是出自他的手笔。旅沪书画金石家邹平朝曾随丁吉甫、肖娴、陈大羽、王个簃、钱松岩、林散之、李可染、余任天、杨建候、赵良翰研习书画篆刻,广

曹新吾与夫人钱秀珍

涉殷契、周金、秦篆、汉隶、魏晋唐楷并旁及行草，上宗秦汉、下探明清，博涉浙皖诸家刀法，成就斐然。在朵云轩等处举办个展时，也多次请曹新吾作主旨发言。

古人说，三年不鸣，一鸣惊人。迄今为止，曹新吾已经出版专著有：《辨析明代民窑青花罐》《官窑内造款作品集》《明清民窑青花瓷绘》《新派粉彩名家作品集》《玩瓷片》《峥嵘岁月　红色官窑——中国轻工业陶瓷研究所成立60周年拍卖专场暨资料集成》《景德镇厂瓷样稿研究·白描卷》。在国内国际研讨会与报刊发表论文有：《鉴藏界一桩民窑误为官窑的百年积案——故宫博物院及上海博物馆藏"中和堂"瓷器考辨》《"中和堂"及"漱玉亭"诸事考——兼与迈克尔·巴特勒爵士并张东先生交流》《瞻公为康熙民窑"中和堂制"品牌创始人之确证——顺就"中和堂瞻公制"款识说"瞻公窑"》《较雨量晴"中和堂"——再论康熙"中和堂"款瓷器的民窑性质》《既非"官搭民烧"亦非"民窑定烧"——康熙"中和堂"款瓷器性质与"漱玉亭瞻公"指谓再议》《青鸾引吭　白凤和鸣——青白瓷背后的美学原理》《"克拉克瓷"西踪东迹丛考》《故国史影　瓷都志绎——明清景德镇御窑文化探赜》《长沙窑见证的唐代佛事》《夹岸窑火　重洋桅灯——中国大运河见证世界陶瓷文化共同体的形成》。已付梓丛稿有：《瓷说民国大历史》《明清民窑纪年款类举》《景德镇厂瓷样稿研究·彩绘卷》。作为行家，还参与过多次省内外鉴宝活动，并受邀为华艺拍卖公司、华逸拍卖公司、保利拍卖公司、匡时拍卖公司看瓷说瓷。

古玩市场分三级：一级是地摊，二级是店铺，三级是拍卖。有几家拍卖公司见一只无王步署名的花鸟盘经曹新吾确认为青花大王真迹拍出几百万元的高价，点评文章还为北京荣宝斋图录转载，便想通过其好友介绍持器请为撰写荐文，最远有从丹麦专程飞来者。他若见器物不对，笔润再高也一一谢绝。相反，在一次御窑文化研讨会上，北京华龄出版社副总编辑铁源先生对故宫博物院几件藏品提出异议的文章因事情敏感，担心无人发表意见，主办方便商请本是受邀与会的曹新吾主持点评。曹新吾秉公持论，客观地指出故宫博物院历史悠久、宝藏丰富、专家云集之长处，也肯定铁源先生质之有由，持之有据，言之有理。这种将学术视为天下公器的学风，受到代表们的一致好评。而支持铁源文章的不少资料，曹新吾

在"掩卷阅江楼"书房

居然是从瓷片中获得的。他将研究瓷器称之为"读瓷"。"与有肝胆人共事，于无字句处读书"，这就是读有字书与读无字书以及有无互补的天壤之别。

有人见曹新吾对陶瓷认识这样深，以为他是专门从事这一工作的。其实，此前曹新吾是一名教育工作者，曾任安庆行署教育局基础教育科科长、师范教育科科长，市教育局老干部管理科长，市师训中心主任。

他有不少教育方面的著述。安徽教育出版社出版的《教师心理教育能力培养与提高》在全省使用，全国发行。《浅论独生子女个体社会化的综合因素》在全国计划生育会上交流，他受到康克清等领

导同志接见，并被国情研究会接纳为会员。

桃李无言，下自成蹊。前前后后，《中国改革报》与北京人民广播电台分别对其做过专访，《安徽商报》记者两次采访，安庆广播电视台亦以其收藏为题材录制过好几期节目。

数日后，当我们在其新居掩卷阅江楼再次会面，十四层阳台上凭栏面对浩浩长江，我不由想起哲言中的"静水流深"。这一成语用在曹新吾身上，真是再贴切不过的了。

2020年11月15日

惊羡灯谜誉学府
——记汪长才

前往采访全国谜坛健将汪长才的路上,我想到了埃及巨大的狮身人面像,它是古代埃及最令人难以置信的建筑之一。在古代埃及的神话传说中,说它是巨人与妖蛇生的怪物,他的名字叫斯芬克斯,他有人的头、狮子的躯体,还有鸟的翅膀。斯芬克斯生性残酷,他从智慧女神缪斯那里学到了许多谜语,于是,他经常守在大路口,要每一个经过的人猜谜语,如果猜错了,必死无疑。

汪长才在书房

一次他坐在忒拜城附近的悬崖上,向过路人出了一个谜语:"什么东西早上用四条腿走路,中午用两条腿走路,晚上用三条腿走路?"如果路人猜错,就会被害死。然而俄狄浦斯猜中了谜底是"人",斯芬克斯羞愧跳崖而死。斯芬克斯是人类历史上制作谜语的开山鼻祖。

而汪长才是全国谜坛健将,是安庆市灯谜学会的创始人和首届会长。

1947年出生的汪长才,祖居怀宁石牌,自小家境贫寒,踏入初中时恰逢三年困难时期,在一次县文化馆举办灯谜展时,他对灯谜产生了浓郁的兴趣。他发誓要好好学习,掌握更多的知识,将来在灯谜上有所造诣。但是,在那个餐餐难以果腹的年代,他无奈放弃学业,进厂当了一名学徒工。

工作以后,他不忘初心,为了扩大自己的知识面,汪长才自费订报纸、订谜类及其他各种杂志。兴趣加钻研是汪长才制作谜语的奥秘,他在工作之余坚持创作的谜语,得到了大家的赞赏。于是他更加潜心学习和钻研灯谜的理论知识以及谜语和事物、诗词的联系。

2000年5月14日,汪长才在青岛市当代商城"阳光大厅"现场说谜,青岛电视台跟踪采访

20世纪70年代末,《文化娱乐》杂志社在全国举办了一次灯谜大奖赛,其中一条最难的谜语竟然让汪长才猜中,他喜出望外,兴奋地跑到新华书店一下子买了几本谜语书。想不到在阅读过程中发现有几条谜面与谜底和自己制作的似乎如出一辙。其中一条谜语的谜面是"有美味的码头",谜底显然是"香港",而他制作的谜面是"芬芳码头",真是有异曲同工之妙。喜悦和兴奋使他乐此不疲,一发不可收拾,在学习和制作灯谜的征途上不畏艰辛、勇于攀登。

1995年春节,安庆市文化部门在公园举办一次大型灯展,汪长才在观赏时,萌发出组建一个"安庆市灯谜学会"的想法。于是他把这一想法向文化局、文联领导汇报。

鉴于汪长才在谜语方面取得的成绩,他的建议,得到了相关部门领导的同意和支持,1996年汪长才首先发起成立了"安庆市谜友联谊会"。

经过一年的筹备,1997年4月,安庆市灯谜学会成立,汪长才被推选为首任会长,兼任学会会刊《安庆谜苑》主编。在他精心编纂下,《安庆谜苑》被评为"全国十佳谜刊"。

汪长才

自此,安庆每年元宵节的灯谜展,成了灯谜爱好者和广大青少年学生乐于参与的活动。

为了高水平的灯谜展出,汪长才平时除了认真阅读中国历史上的历史掌故、名人趣事、风土人情、民族习俗、唐诗宋词等各种书籍外,还收藏谜语类书籍、海内外谜刊等三千余册。

汪长才签名售书

几十年来，汪长才拟制了几千条谜语。有时候为了一条谜语他经常睡不着觉，第二天凌晨才睡觉已经习以为常，梦中惊醒后爬起来继续构思创作也不足为奇。

多年的学习、积累、创作，使汪长才在制作谜语的领域有了长足的发展。经常有谜语爱好者请他指导、写谜评，或参与一些研讨会等。

他连续三届担任安庆市灯谜学会会长，在这15年里，他出版了五本灯谜、诗词个人专集，共16万字。

梅花香自苦寒来，2000年，汪长才入选全国30名"谜坛健将"之一，这是安徽省唯一获得此殊荣的谜坛骁勇。

2004年4月汪长才受山东省教师之家和青岛市灯谜学会的邀请，参加"五月的风"全国灯谜邀请赛。同时还接到大赛组委会主任王铎的电话，参加"谜坛健将"和"金穗卡杯"佳作颁奖仪式。

"五月的风"全国灯谜邀请赛的会场氛围热烈。擂台上，各路虎将尽显风流，宿将宝刀不老，新秀身手不凡，制谜之精巧，猜射之准确，抢答之快捷，令人折服、钦佩。

汪长才上台，报了四条谜题，刚刚落声，场内猜者都是读秒绝杀。当他报出最后一条谜"深究过后，方觉离合之巧"（猜电信名词术语）时，谜友抢答纷纷失误。

汪长才当即提示："各位老师，本人的这条谜是以单纯的增损离合法拟制的，请你们不必思索其他谜法。"过了一会儿，青岛组委会的一名谜友揭出谜底："空号。"

汪长才当即表示："完全正确！"顿时全场雷动，掌声四起。

谜赛结束时，谜友们纷纷将汪长才团团围住，赞誉不断："汪老师，您是如何制成如此精妙的佳谜？"

"您的大脑太好使了！"

"您下的功夫真深！"

汪长才微笑着谦虚地说："谢谢大家，互相学习……"

由于汪长才制作的灯谜"空号"获得如此好评，在邀请赛结束的晚宴上，组委会请汪长才坐到嘉宾的席位。并与组委会负责人王铎、闻春桂先生以及北京市灯谜学会会长一起，参加邀请赛组织的崂山风景区和青岛市容市貌的游览，还参加了闭幕式的颁奖仪式。

通过参加这次邀请赛，汪长才深深体会到，灯谜作者和猜谜群众是组成社会谜事活动的两大要素。一场成功的猜谜活动有赖于群众的参与和猜射水平；反过来说，有高水平的群众猜谜，才能促使作者创作出高质量的谜作，从而促进整个社会灯谜活动的普及和提高。

制作灯谜和谜语，有"会意法""借代法""抵消法"等十几种方法。为了掌握和灵活运用这些技巧，汪长才可谓沉溺其中、不畏艰难，而自享其乐。

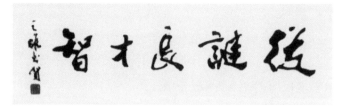

全国著名书法家、苏州灯谜协会会长、谜语专家（费新我之子）费之雄题

走进汪长才家，映入眼帘的是右手边是半人高的窄窄的橱柜，过道两边的墙壁上，悬挂六幅用镜框装裱的山水画和他多次参加全国灯谜会议的合影，充满了文化艺术氛围。

往里面右手边是他的书房，书房的北面是一组书橱，书橱内的书籍一半以上是谜语方面的书籍，有四千多册，还有唐诗宋词等等。书房西面的墙壁上悬挂两幅正方形的山水画，南面类似玄关的工艺品花墙的格子内摆放了不同造型的古玩、雕塑等工艺品。

再往南面是客厅，初秋晌午的阳光透过晒台的玻璃窗倾泻到室内，室内光线明亮，温度较高，汪长才打开空调后，室内的温度宜人。客厅东面的文化墙的上方悬挂着一幅全国著名书法家、谜语专家费之雄的题字"从谜长才智"，横匾巧妙地将汪长才的名字隐含其中。横匾的下面悬挂着一台电视机，坐在沙发上看电视的视角正好。

客厅东面的墙壁上，恰到好处地悬挂了两幅山水条屏，在条屏中间是一个很小的过道，过道的北面是卫生间、厨房，南面是卧室，卧室窗前的条柜上堆满了书籍。

从进门的过道、到书房、客厅和卧室，充满浓郁的文化艺术氛围，让人感到"读书人家"的温馨。

这样的空间营造出的氛围，让所有的与红尘相关联的人与事都退场了。多少年来，汪长才痴迷其中，为了制作一首好的谜语，废寝忘食是常事，吃不下睡不好无所谓，在书桌前一坐就是半天或是通宵达旦。

邓石如七世孙邓晓峰题汪长才诗词

他把制作谜语作为生活的主要内容和最大的业余爱好。他猜、制灯谜，学习研究创作诗词，已发表灯谜作品近三千条，诗词作品千余首，楹联三百多幅，灯谜赏析一百五十余篇。各类作品散见于《中国楹联报》《中华谜报》《新民晚报》《安庆日报》《安庆晚报》等几十家报刊。部分作品

汪长才在制作谜语

入编《大中华千家诗》《大中华千家词》《中华谜语库》《中华谜语大全》等大型工具书。

他出版的《长才谜踪》《清平斋诗谜集》《振风飞语》等被国家图书馆、北京大学、清华大学、中国人民大学、香港大学、香港中文大学、台湾交通大学、台湾清华大学、澳门大学等多家图书馆、高等学府收藏。个人传略先后载入《世界名人录》《中国当代灯谜艺术家大辞典》等。

汪长才才情俱备，真谜家之雄，谜诗虽然在格律上与律诗有些差异，但构成的意境仍然透出浓郁的抒情意味。他兴致勃勃地告诉我，在他制作的几千条谜语中，最得意的有四首诗谜，不妨抄录以飨读者。

咏 江

生来秉性爱风流，亦有刚强亦有柔。
愿许终身随大海，千弯百折不回头。

照 镜

我若伤心君落泪，君开笑脸我扬眉。
人间自有真情在，相印倾心不假媒。

红 烛

品貌端庄情性直，赤诚奉献复何求。
唯逢喜庆良宵夜，热泪为君点点流。

粉 笔

皮肤白皙体形单，历经折磨非一般。
知识传播为己任，粉身碎骨也心甘。

赏析其谜作，不能不钦佩其文采横溢，精专独到，别树一帜。汪长才制作的灯谜作品新奇而富有韵味、幽默而富有哲理、精深而值得品味。他创作的谜语、灯谜可以说在安庆达到了"会当凌绝顶，一览众山小"的高度，显现了深厚的文学功底和丰富多彩的生活情趣，以及与时俱进的科学理念，既展示了安庆这座历史文化名城的深厚底蕴，又体现了汪长才德才兼备、勇于创新、无私奉献的精神。

汪长才的诗词格律娴熟、谜理精深、谜作巧雅、谜评新颖、寓意深刻。面对汪长才的著作等身，我想"咏江"和"粉笔"就是他一路走来的最好写照。

汪长才今年已经74岁了，他淡泊名利、诚信待人、低调行事。他在担任灯谜学会会长期间，没有一分钱活动经费，因此无论私事还是公事，都是他私费宴请，从无怨言。他从风华正茂时就热爱灯谜、热爱灯谜事业，半个多世纪过去了，至今仍然是"老骥伏枥志在千里"，全身心投入研究和创作灯谜，为安庆的灯谜文化的复苏和开拓无私奉献自己的聪明才智。

汪长才1997年至2012年担任安庆市灯谜学会会长，2008年至今一直在安庆老年大学担任灯谜班教师，他备课认真，讲解风趣，批改作业一丝不苟。数十年内培育灯谜人才100余人，并将优秀学员发展成为安庆市灯谜学会会员，为安庆灯谜学会的发展做出了极大的贡献。他是民俗文化的继承者、守望者。

汪长才不仅在安庆诗词界、灯谜界影响大，声誉高，而且名扬省内外，在港澳都有一些知名度。他是安庆历史文化名城的一名文化使者，在广袤的中华大地穿行，在贫瘠的灯谜"土地"上耕耘，在同仁们的赞誉声中闪光。

2016年4月23日是世界读书日，汪长才在安庆新纪元商务酒店六楼举办《诗钟联情》新书首发式。该书是继《长才谜踪》《清平斋

汪长才家的书房和门厅充满艺术气息

诗谜集》之后推出的第三本作品,集诗、词、曲、楹联、灯谜及随笔于一体。尽管发行仪式的当时大雨倾盆,参与者皆冒雨前往,仍然是高朋满座、胜友如云。

市领导的祝词、汪长才的答谢以及一台以黄梅戏、京剧、朗诵、舞蹈为内容的文艺演出，赢得了掌声频频响起，可容纳250人的大厅座无虚席，演职人员只能在大厅的过道等候。《新安晚报》《安庆日报》、安庆电视台、怀宁电视台的记者都报道这次盛况。

　　用心灵酿造的灯谜，积淀了汪长才诸多岁月的才情，他几十年如一日，每天以一种恬淡的心境，在自己理想的伊甸园勤奋读书、品味人生，笔耕不辍，不经意之间把生活演绎成诗篇。他把灵感的闪烁凝聚于笔端，让一缕缕情丝变成精美的辞句，让读者欣赏到了一首首精彩的篇章。

2021年8月28日

江阔凭鱼跃，天高任鸟飞
——记江飞

2016年，我认识江飞时，他已经是安庆师范大学文学院的副教授，同时兼任安庆市作家协会的秘书长，是一位年轻的作家型学者，或者说学者型作家。江飞给我的第一印象是形象端正，穿着朴素，一副近视眼镜的后面闪烁着一双充满智慧的眼睛。如果没有丰富的教学经验，没有深厚的科研实力，是很难成为大学里最年轻的副教授的，更何况来自农村的他没有任何背景。

江飞近影

江飞住在"莲湖名邸"，小区的管理很严格，外来人员必须登记。正当我们告诉门卫要去江飞家的时候，江飞远远走来。我们把小车停好，然后跟着江飞向他家住的楼栋走去。江飞的家在7楼，整个住房面积有近140平方米，南面是一排卧室，北面是厨房、客厅、书房。书房和客厅占据了三分之一的面积，客厅大而开阔，书房大约十平方米,小而精致。书房的窗户洞开着,不远处树梢上的鸟鸣声清晰地传进来,似乎还带着花草树木的清香。

书房的东南面是连成一体的书橱,完全是现代欧式的格调,按照室内的空间大小而设计定做,实木,纯白色,没有玻璃门,全部敞开,查找资料十分方便。

书橱里放了各类书籍,以文学类为多。与书橱格调一致的书桌放在书房的中央,书桌不大,正中是一台白色的台式电脑,旁边堆放着几摞常读的文学史、美学史、理论资料和工具类图书等。

书房的西北角放着一架钢琴,这是为她女儿准备的。书房北面高大宽敞的飘窗,让光线无遮挡地倾泻进来,周边静悄悄的,可以想象到他平时就是在这里埋头工作的。

比邻书房的客厅,宽敞明亮而又简洁,一组布艺沙发,一个茶几,一把竹摇椅。客厅北面大约有三分之一的地面装潢成平台,台

2016年5月,与女儿在安庆莲湖公园

面上放着一个藤质吊椅。吊椅类似于旧上海大户人家安置在花园的亭子里的那种,可以休憩、赏景、读书、玩耍。可以摇晃,也可以靠在里面看书。

江飞笑着对我说:"我女儿有时要在书房里看书、查资料,我就在这吊椅上看书。"有点情调,有点风味,有点高雅。我说:"坐在吊椅上看书时间长了行吗?"江飞说只要看进去了,不在乎时间长短。我想,这还是个习惯问题,我要是坐在上面可能看不了一会儿书。"习惯成自然",此话不虚矣!

书房是温馨的,是江飞和他女儿共同阅读的天堂。他的女儿在读小学,每天完成作业后,总会在钢琴前弹起美妙的音乐,既是练习,也是放松。更多的时候则是在他的指导下,从书橱里任意挑选自己喜欢的书籍认真阅读。

几年下来,她便已经读完了《诗经》《史记》《世说新语》《悲惨

2019年9月,在捷克参加国际学术研讨会

2020年9月,江飞(左三)与安庆师范大学学生在一起

2015年摄于北京大学中文系

世界》《基督山伯爵》《瓦尔登湖》等古今中外的许多经典名著,这样的阅读教育无疑有效地弥补了学校教育的不足。

他和女儿都有同感,书房里仿佛有一种无形的氛围,让他们能更加专心地阅读,更加亲切地交流。

不得不说,江飞的女儿是幸福的,有这样的书房,有那么多可以选择的古今中外的经典名著,而他——曾经的乡村少年——却并不曾拥有。贫乏的物质生活,单调的乡村日常,书是少见的,唯一可以阅读的就是他父亲单位订阅的报纸和几种教育类杂志。许多年后,当他读《平凡的世界》时,在"孙少平"身上,他再次重温了那种对书的强烈渴望,对外面世界的热切向往。从高中到大学、从硕士到博士、从北京到上海,从乡村少年到大学老师,读书改变了他的命运,无数的书铺就了他前进的路。他感念那些来源各异、新旧不一的各种书籍,更感念那些在路灯下、在图书馆里、在绿皮火车上埋头读书、清苦却充实的时光。

书房是沉默的,见证了江飞读书写作的勤奋和成就。除了到学校上课、去外地开会,其他时间他几乎都是在书房里度过的。

为了上好"文学概论""写作""比较文学"等专业课,他在书房里花费大量时间认真备课,即使是上过多遍、驾轻就熟的课程,也要尽可能地每次充实新的内容,加入自己新的想法。据说他的课有自己独特的风格,谈文学,谈思想,谈生活,引人入胜,很受学生喜欢,时常有其他班级的学生慕名跑来旁听。

平日里,他和学生们谈得最多的还是如何读书和写作。在他看来,人生不能没有书(其实人生就是一部大书),人不能不读书,读书就是审美,就是人生的节日。通过读书,一个人可以改变自己的素质,改变自己的人生质地,

摄于上海图书馆

乃至影响和改变自己身边的人。读书是一种寄托自己心灵和精神的方式,是一种正常嗜好,使人具有一种趣味,使人具备抵抗恶习引诱的强大能力,不至于堕落或沉沦,而且这种能力和趣味的培养一定要在青年时期,耽误不得,过了这个时节,这种趣味就凋谢了。他说,只有好学习、好读书的人,才有可能具备较高的学习经验的修养、道德的修养以及艺术的修养,具有一双能发现美的眼睛、一双具有音乐感的耳朵,才能从书本中乃至生活中寻出一种趣味,见出各种美来,才不会与那些自己所鄙视的低俗趣味的人为伍。

在江飞看来,读书不仅可以摆脱平庸、培养趣味、提升境界,更重要的是,可以由此而建立自己的人生观。在阅读朱光潜、李泽厚等美学大家的著作时,他感受最深的其实还不是他们的美学理论本身,而是他们把美学理论与人生实践融为一体的那种圆融境界,尤其是朱光潜对"人生艺术化"的追求,李泽厚坚定地"走我自己的路"的执着,都成为一种美的诱惑。他们仿佛双子灯塔,照亮并慰藉了他的内心,由此他觉得:一个真正的读书人,一定不是只会死读书或读死书的"四脚书橱",而是既能入乎书中,理解掌握和批判吸收其中的微言大义,更能出乎书外,从学者的理论思想、人生经历和治学方

摄于山东威海

法中领悟和转化出有益的价值观念和人格精神,指导塑造自己的人格修养和生活实践。

正是在他春风化雨的积极影响下,许多青年学子对阅读和写作产生了浓厚的兴趣,其中有不少博士(后)毕业后进入高校和科研院所工作,或成为作家、诗人等——读书成为代代相承的事业。

静谧的夜晚,一盏吸顶灯将书房照亮得如同白昼,灯光下的他默默读书,冥想,写作。多少年来,在这书房里,他不知读了多少本书,写了多少篇文章。书橱上摆放着他已经出版的著作,有学术专著《文学性:雅各布森语言诗学研究》《理想与诗意——江飞文学评论集》《朱光潜尽性全人教育思想》,散文集《何处还乡》《纸上还乡》,以及在《人民日报》《光明日报》《文学评论》等权威报刊发表的论文和评论200余篇,还有电脑里尚未出版的两本文集等,总计有150万字之多。这些一字一字码出的成果,无不浸透着江飞潜心读书、辛勤耕耘的心血和智慧,可谓"焚膏油以继晷,恒兀兀以穷年"。

作为80后的青年学者、文学评论家、作家,江飞自然而然地赢得了国内外学术界和文学界的青睐,纷纷邀请他参加各种国际、国内高端学术论坛和作品研讨会,多所大学欲以优厚的待遇将其作为高级人才引进。

由此,我想到了从安庆作家队伍中走出的安徽省作协副主席胡竹峰、合肥市作协主席洪放、广东省作协主编杨黎光等等,这充分说明了安庆这座历史文化名城的厚重,是名副其实的孕育人才的摇篮。

2018年,江飞晋升为教授,又成为安庆师范大学最年轻的教授。一切成绩,皆为序章,如今,处于生命和创造黄金时期的江飞,在书房里专心做着自己的国家社科基金课题,他正在向着更高更广阔的天空振翅飞翔。

2019年9月11日

沙马在写作

熔生活于诗文,聚雅情于笔端
——记沙马

一

书房是读书人的天堂,书房也是读书人心灵的港湾。可是生活窘迫的沙马(本名刘伟),想拥有一间理想的书房并不是一件简单的事。笔者在2021年5月份采访他时,他几乎有点动情地说,他这一生最大的心愿就是有一个理想的书房,能够容纳目前的一万多册藏

刘伟近影

书,而不是凌乱地摆放或堆在一起,这样才能对得起作者,也是对他们尊重。

刘伟在企业改制前,一家三口住在五十多平方米的职工宿舍里,因此,家中拐角和办公室的一角都是他放书的地方。企业改制后,他和妻子双双下岗,几千册的书放在何方?正当他一筹莫展时,好友马秋凌向他伸出了援助之手,将企业改制后闲置的、多年无人问津的、顶层近十平方米的办公室给他做书房。

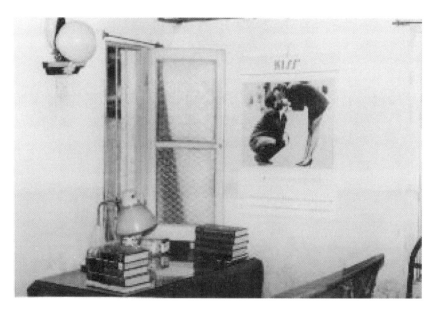

1988年的书房

从那时起,沙马在这个书房里,有了一段较长的创作稳定时期。有了书房,他就有了心灵栖息的地方,有了"爱"的鸟巢,他多少年如一日,早上九点到书房,中午如果没有社会活动,就点个快餐,然后一直到午夜才离开书房。

沙马的书房无名无号,不到十平方米的书房,干净、整洁、明亮,五组不同规格的书架,里外两层摆满了书,有些书的中间还夹着小纸条，上面写满了密密麻麻的小字。书桌上、进门左手的地上也都堆满了书。这些书被时间浸染出了旧黄色，陪伴着沙马度过了无数清贫而孤独的岁月。

书房正面的墙壁上悬挂了一幅书法作品和国画，给这简陋的书房增色不少。目光穿过山水画旁边简陋的房门可以看到，南边是一个大约一平方米的过道，相当于一个封闭的阳台，铝合金的窗户对着马路，各种噪声从路面不间断地涌进室内。

水泥磨光的地面一尘不染，门前过道的右手边悬挂的拖把还在滴着水。书房右边的门户内住着一位年过七旬的老者，负责五、六两层的卫生及安全管理。书房的东头也就是上楼的右手边是一个简陋的卫生间，昏暗的卫生间顶部一盏多年没有擦拭的照明灯，发着暗淡的光晕。

刘伟热情地叫我坐在他平时坐的椅子上，自己则坐在一

年轻时的刘伟

1998年沙马的书房

钢制的圆凳子上，我们就这样面对面地谈了起来。

刘伟的笔名叫"沙马"，在20世纪70年代上初中时他就喜欢上了诗歌，在那青涩的年代，其阅读的诗歌大多局限于课本上，如艾青、臧克家、贺敬之、普希金、泰戈尔等诗人的作品。应该说，那是一个阅读上的贫困时代。

1976年3月，他从安庆六中初中毕业下放到太湖县，他所带的行李中除了《毛泽东选集》，比一般人多的书籍，如《安徒生童话》《毒日头》《十日谈》《草明小说选》《红与黑》等，在那个年代这些属于禁书之列。当然，当时流行的小说《艳阳天》《征途》等，刘伟也爱不释手，他一有时间就悄悄地阅读这些书籍。多年的苦读，奠定了刘伟蒙昧时期的文学基础。

1981年刘伟在安庆《振风》杂志发表了他的处女作《短诗三首》，获得12元稿费。在一个月只有30多元工资的年代，12元的稿费算是很高的。他用稿费买书的同时，购买了一把藤椅用于读书和写作。

刘伟的处女作发表后，他对诗歌的爱好愈加浓厚，同时更加勤奋好学，1982年，刘伟考取了安徽省电视大学汉语语言专业。那个年代的人都记忆犹新，当时考电大汉语专业，比考正规大学的中文系还难，可见刘伟当时的中文水平已经达到了一定的高度。借助于大学的课堂，他将以往零散阅读的书籍、零散的文学意识、零散的个人积累等，在课堂上系统化了。他说，老师的授课，知识的系统化，对他后来的写作具有一定的意义。

二

时间再往前推，刘伟从1985年到1997年，在西门观音巷口承租了一个小房间，这个小房间有两开间，里面一间，外面一间，除了一张床和一张桌子，其余的地方摆的都是书。前后共有两个大书架，两个小书架，大约有 2 000 多册的书。那个时候他就有了《西方现代派作品选》《追忆似水年华》、米兰·昆德拉的小说、黑格尔《美学》以及（台湾版）《诺贝尔文学全集》等。

刘伟生活俭朴，在其他方面舍不得多花一分钱，把积攒下来的钱都用于买书。他每年都有读书计划，并且和写作紧密联系在一起。青春期的他，有书相伴，独自一个人度过了十三年的单身汉生活。

西门观音巷的房子低矮、简陋、年代久远，房间里灰暗、潮湿，阴气重。外面的阳光不管怎么强烈，里面还是阴森森的，仿佛沉入了时间的深处。应该说那是一个安静的时代，工业文明物化的喧闹声还没有侵袭到这个古老的城市。而西门的观音巷显得更加清静、幽雅、安静，适合于阅读。

为此，刘伟常常拿出一张小板凳坐在门口，在阳光下读书、抽烟、喝茶，他的青春年华就是这样在读书中悄然度过的。

那段时间刘伟阅读的大都是具有实验性、先锋性、探索性的西方现代派作品，更多的是小说、理论文章和剧本等，以及诗歌方面的书。这为他以后的写作打下了较为扎实的基础。

刘伟在书房中

那也是一个激情燃烧的时代,他身边的朋友都喜欢读书,并且经常在他这个小屋"舞文弄墨"。他们对知识的渴求,体现了那一代人的追求和向往。

大约是在1994年,刘伟以"沙马"为笔名,作品第一次亮相在安庆师范学院"白鲸诗社"编辑的首期《白鲸》诗报上。在以后的写作中,"沙马"的名字经常出现在报刊和杂志上。他的诗歌作品曾发表于《诗歌》《诗选刊》《作家》等刊物上。

沙马那个时候的诗歌写作风格不太稳定,尚没有形成明显的个人创作风格。记得沈天鸿老师在沙马作品研讨会上曾提醒他,要尽快形成自己明确的诗歌写作风格,这个提醒对沙马以后的写作具有一定的指导意义。

三

沙马40岁才结婚,这之前的岁月,是他最快乐、最无忧无虑的好时光,迟迟不想结婚,是因为他不想给自己套上家庭的"枷锁"。

1984年,沙马在阅读

1998年结婚时的新房，是安庆香皂厂的宿舍，只有53平方米，书架和书籍几乎占用了其中四分之一的空间。书房里的面积大约七八个平方米。靠西边的一方墙从顶头到地面是一大排书架，这一大排书架上摆放的大都是精装本书籍，诸如《傅雷译文集》《沈从文文集》等。下方摆放的是由巴金主编的《中国新文学大系》《外国文学名著》以及《清史稿》等。

窗前摆放着一张书桌，靠东边有三个不大的书架。书架上摆放的大都是小说和历史、哲学、诗歌等方面的书，大约有7 000多册。

卧室较大，沙马在改造时把阳台取消了，换成了里室，大约2平方米，靠墙做了一个硕大的书架和书桌。原有的书房让给儿子学习。到了夏天太热，这里就无法看书写作，沙马就到图书馆去。

2002年至2007年，沙马的诗歌写作追求技巧性的表达，喜好主观上的感受和微小的抒情。他这一时期写的诗歌《向往安宁》《水仙花》等作品大多较为集中地刊发在《不解诗歌年刊》上。这些诗歌温婉、含蓄、简练、寓意较为丰富，得到了同仁们的认可。

四

2008年是沙马诗歌写作中一个重大的转折点，也可以说是他的诗歌创作中最有意义的一年。因为他这一时期的诗歌创作具有很大的突破与创新，同时，也获得诗歌界的认可和赞誉。

这一年的7月沙马失业了，9月妻子也失业了，孩子还在读书，一个家庭一下子失去了基本的生活来源。面对如此窘境，他尝遍了为了生计所经受的酸甜苦辣，用诗人的眼睛透视生活的内涵，用诗人的脊梁撑起生活的空间，用诗人的浪漫滋润灯光下的寂寥。

他在《安庆日报》广告部没完没了地跑广告，当过写手、为老板写人物通讯或报告文学，在中介做过房地产推销员，在小额担保

沙马作品

公司当雇员，在高考补习班当过三年的班主任等。就是在这段时间，他读完了肖洛霍夫的《静静的顿河》、陀思妥耶夫斯基的《卡拉马佐夫兄弟》、雨果的《悲惨世界》以及《战争与和平》，同时也阅读了西方一些先锋文学作品和理论文章等。他深深感触到：伟大的叙事文学中所蕴含的那些辽阔的、复杂的、曲折的、艰深的人性及命运叙述，不是诗歌这样的文体所能够承载的。

面对沙马的生活阅历和他的精神体验，我想起了巴尔扎克的一句话："苦难对于天才是一块垫脚石，对于弱者是一个万丈深渊。"

在这个极度困难时期，沙马一直没有放弃诗歌写作。他之所以能坚持下来，除了他自己内在的潜质，同时与妻子的支持、理解和自我奉献有很大关系。从某种意义上说，是夫唱妻和、同甘共苦维系了这个家庭的生存。

沙马深情地对我说："在这里，我要感谢妻子的理解与支持。如果不是她吃苦耐劳的精神和贤妻良母的秉性，靠我一个人是很难维持好这个家庭的。"在经历了那段磨难岁月之后，沙马发出由衷的感慨："我深深体会到，当我们度过极度艰苦岁月之后，能够让人刻骨铭心的不是当初美好热烈的爱情，而是共同携手，共同抵抗厄运中所经历过的黑暗与苦难。"

沙马的这种生活历练，使他的心态更加平和。恰如普希金那首脍炙人口的诗："假如生活欺骗了你，不要忧愁，不要愤慨。不顺心时，请暂时克制自己，要相信，幸福生活就会到来。我们的心儿憧憬未来，而现今却总是悲哀，一切都是暂时的，转瞬即逝，而那逝去的将变得可爱。"

生活的艰难和历练使沙马更加勤奋，更加成熟，使他这一时期的诗歌写作有着长足的进步。其长诗《理智之年》便具有代表性。

诗人任意好评价道："沙马越来越不修边幅，越写越自由，甚至于乍读沙马之诗找不到'必要的艺术处理'，其《理智之年》让人乍读便无法自拔，或许是我的心态已步入中年的原因吧，我在沙马的诗歌中找到了近乎百分之百相近的生活感受和生命体验……仅凭《理智之年》，足以把沙马推进中国当前杰出诗人的行列。"

诗人何冰凌说得很好："不管怎么说《理智之年》将成为沙马诗歌写作上的一个高峰，也成了沙马的代表作。"

武汉大学教授、诗歌评论家荣光启在评论沙马诗歌的文章《朝向事物本身》一文中写道："我最喜欢《理智之年》，此诗在他的诗作中篇幅算长的，但我看到的不是篇幅，而是他在诗中试图叙述一种个人生活史，在横向的生活观察中有纵向的个人历史，这样的诗作在经验、感觉和想象上它显得向现实和世界开放。……这样的诗歌美学在那种'断片'式或即兴式的写作中是难以完成的。《理智之年》里的经验、趣味、思想是丰富的，多层面的，我不敢说这是一首伟大之作，但在沙马的作品中，它有启示未来的意义。"

2008年到2018年这10年时间里，沙马的诗歌创作形成了粗粝、原生态、追求先锋、开阔、大气的艺术风格。他敢于深入未知领域去大胆探索，开拓诗歌新的写作道路，抛弃了所谓的"技巧""套路""炫耀"等写作方式，尤其反感诗歌中的"炫技"或"卖弄"，那种远离地气而自以为高深的写作模式。应该说这一时期是沙马诗歌写作生涯中的一个极为重要的时期，也是一个黄金时期。他写出了以《理智之年》为代表的系列诗歌作品。

试想，如果沙马放弃诗歌，就会在这一特别艰难时期结束自己的文学事业；如果挺过了这一时期，沙马就不会放弃。我们高兴地看到沙马将诗歌当作终生的事业一直在走下去，并且不断提升自己的写作高度和深度。

五

经过岁月的磨砺，在不经意间，沙马将日子过成了诗，从而进入生活和创作的稳定时期。这一时期直至现在，其写作风格发生了变化。以往粗粝的、激情的、抵抗的心理，变为现在平和的、宽容的心态。

正如诗人何冰凌所说的那样："阅读沙马近作，又感到一些变化。诗人在经历了下岗、罹患重症等中年危机后，进入到某种'烟火气尽除'的平静中，'我从未将一首诗放在某个祭坛上/来证明文字的力量/我的每一次冒险都来自对/时代的误解，来自对大师背影的凝视'。"这是属于一个人的盛大而卑微的孤独，他且享用着这孤独，并在与时间和病痛的对抗中，"我的影子投射到一朵花上/花衰败了。我的影子/投到一只鸟儿上，鸟儿飞走了"。

通过阅读、思考，沙马的诗歌写作渐渐倾向于现实主义，反映身边的人与事物，反映周围的现实，写出时代，写出人性，写出命运，写出接地气的作品，揭示出人与这个世界的存在关系。同时，沙马人生的品位和格局也得到了提升。他有诗人的激情，没有诗人的狂妄；有诗人的潜质，没有诗人的浅庸；有诗人的勤奋，没有诗人的飘浮……

沙马认为，精神的高度，决定艺术的高度。一个人的写作到了最后，拼的不是技巧、不是语言、不是修辞，而是境界和格局。他从不相信一个没有境界的人会写出有境界的作品；一个没有格局的人，会写出有格局的作品。

六

2015年9月，沙马的组诗《皖河的记忆》获"第二届中外诗歌散文邀请赛"一等奖；2016年，组诗《空白的自画像》获2015年度安徽文学年度文学奖等等，数十个奖项。

他出版了诗集：《零界》《沙马诗歌选》《解读沙马》《回家的语言》等。

从1983年安庆师范大学"白鲸诗社"成立，他一直参与"诗歌礼拜五"活动。2016年10月，沙马作为安庆市作家协会副主席和下属的诗歌组组长，主要负责诗歌创作。同时被聘为《振风》的特约编辑，负责"文学新锐"等栏目，在这个文学园地编发了大量的80后的诗歌，其中以发表安庆师范大学和安庆市青年诗歌群的作品为主，在《振风》上为文学社的学生三次推出"新生代诗歌专辑"，提携青年诗人走出安徽，走向全国。

作为安庆市作协副主席，沙马极力倡导"诗歌进校园"活动，从2018年春至今分别在安庆二中、宿松程集中学和著名诗人海子母校高河中学，主办了三届。尤其是2021年4月在怀宁县高河中学开展的"诗歌与梦想"校园行活动，参与活动的师生高达1 600多人，使其成为安庆作协文化活动的品牌。

自古诗者多狂，狂必傲慢，少理性者也。愤怒出诗人，苦难出诗人，风花雪月也出诗人。不难发现诗人的作品的优劣，风格或慷慨激昂、或情深意长、或缠绵凄切等，都是其内在的潜质决定的。由于操守不同、三观不同，其诗的表现形式也不一样。沙马的诗，功夫下得比较深，"意在笔先"，字斟句酌，有一种"墨不磨人，人自磨"的韧性，因此显得卓尔不群。有些诗人的诗，倚重深奥，却因为缺乏生活的浸润、思考、体会和深刻的感受力而达不到高层次境界，读者也只能望"诗"兴叹了。沙马的写作注重现实与精神冲撞后的统一，交锋后的和谐，和谐中的提升。他一直强调，要做一个灵魂在场的人，如果没有灵魂的参与，任何文字都是苍白的，没有生命力的。这种潜质决定了他的诗歌达到如此高度，情在理中也。

诗人兴会更无前！我期待着沙马创作出更多更好的作品，以飨读者。

2021年6月18日

张建初在书房

具智骨者，必有造诣
——记张建初

张建初近影

一个人可以通过他的形象、才能，让人记住。

邓丽君，我们是先听她的歌，后来才知道她的形象的；我们先喜欢《二泉映月》，后来才知道创作、演奏的都是阿炳。而张建初却是通过《皖省首府——老安庆》，一书让很多读者记住了他的名字。

1953年7月出生的张健初，贵池（原系安庆辖区）人。1954年，长江发洪水，张健初随在安大当教师的父亲坐"腰子盆"漂到安庆。

现在很多年轻人不知道"腰子盆"是何物，我小时候还经常看到江面上乘腰子盆打鱼者。在江上乘坐"腰子盆"是很有风险的，没有舵，没有桨，只能任意东西，顺水漂流。它可没有一叶扁舟那般具有诗情画意，但是"腰子盆"在莲湖采莲却是很有诗意。

朱自清当年笔下的"采莲南塘秋，莲花过人头"的采莲女大多是坐小舟，也有坐"腰子盆"的。

由此可想，一岁的张健初随父亲坐在腰子盆里，在风高浪急的江面上漂到安庆，可谓是"大难不死，必有造化"。

1970年，张健初下放到望江县太慈公社。上调回城后，在安庆饮食服务公司

"皖省首府——老安庆"丛书

炸油条，一干就是五年。由于敬业，他又被调到饮食服务公司当会计。1980年他从郊区供销社调到市文联。同年，发表了第一篇短篇小说。

调到市文联后，张健初如鱼得水，他兼会计、文档等工作。文联的工作氛围让张健初得到了展示才华的机会。

我以为人生能把握住一两次机会，并且兢兢业业、忠于职守，就足以干一番事业了。

张健初正是把握住了调进文联的机遇，并且在这个平台上，充分利用这个空间，成就了一番事业，为读者留下了可读性很强、图文并茂的"老安庆"系列。"老安庆"成为非常有价值的史料图书，而载入安庆的文化史册。

当时的安庆市文联只有6人，应该说6人编制已经不少了。因为1982年恢复的安庆市纪律检查委员会也只有12人编制。可见，那时候市委市政府对文化工作的重视。

领导重视，文联就出成果。我记得当年文联创办的《法制文学选刊》，短短的几年内发行量由一万册迅速增加到三十万册，成为省内乃至全国的知名刊物。

《法制文学选刊》的总编辑是耿龙祥，他是著名作家，又是市委常委、宣传部部长，张健初当时是《法制文学选刊》的主要编辑。此刊发行量之大，他是功不可没的。

在此基础上，张健初又创办了《集邮纵横》，从1993年到1995年整整办了三年。《集邮纵横》这个刊物，使安庆市的集邮爱好者有了聚集的园地，大家在其中交流、研讨，改变了过去集邮各自为政的局面，使安庆的集邮活动在那几年内开展得红红火火。

1999年，46岁的张健初正处于人生和事业最成熟的年代。他突然萌发出对老照片收藏的兴趣，于是他像痴迷一般，整日沉浸其中而不能自拔。

凭着他比较广泛的人脉资源、较强的文字功底和鉴赏水平，一张张发黄的老照片放在了他的眼前。他认真思考如何让这一张张照片活起来，让人们一看就知道照片的时间、地点、内容和人物以及发生的故事。

于是他"按图索骥"，查资料，赴实地，找当事人。既要尊重历史，去伪存真，还原历史的原貌，又要有翔实的文字。

几度风雨，几度秋。整整四年过去，一本《老安庆》的样稿，让张健初感到付出的辛苦总算有了回报。

他坐在书房的灯下，一张一张照片、一段一段文字、一页一页排版他都一丝不苟。他的眼睛的老化程度在这一段时间内加快了进程。

他给照片以生命，让老城以新生；让往事获再现，给读者以享受；把瞬间变为永恒，让时间得以凝固。一本300余页、图文并茂的《皖省首府——老安庆》，尽情渲染着古皖省府老安庆历史与现代的传承，文化与自然的相互交融，风土人情与重大事件的展示。这些历史坐标、风土人情、人文积淀氤氲出的城市魅力，形成了老安庆固有的气息、韵律、格局。老建筑、老字号、老街衢、老风俗等，为古城安庆留下了一帧珍贵的剪影，为安庆人的生活留下了光阴和记忆，为读者见证了老安庆半个多世纪前重大事件的发生、结束和影响。

在文字叙说、图片展示的辉映中，读者又一次目睹了古城安庆的风采、人杰地灵的渊源；读者兴趣盎然地在字里行间、照片的旧景旧貌中品咂、琢磨、遐想；读者在历史文化的长廊中徜徉、感触、叹惋和沉醉。

张健初在书房

梅花香自苦寒来，当他的《老安庆》一书问世时，在安庆引起了巨大的反响，喜爱者争先恐后地阅读，有的甚至买几本送人。该书成为安庆市政府招商引资的宣传资料赠送客商，并且再版多次。

面对如此成果，张健初没有沾沾自喜，依然笔耕不辍。开始了"老安庆"系列第二本的编纂。

说来读者可能不太相信，张健初是一个不爱读书的读书人。此话怎讲？我以为他下放时会像很多爱读书的学生一样，要带不少书籍。可是他告诉我："下放时我一本书也没带，也不看书。"

直爽！

其实他在文联工作时，我也有所闻，他不是一个那么勤奋读书的人，确切地说，他是一个平时不烧香，临时抱佛脚的人。也就是我们在读书时，经常听到老师、同学评论一个人"他是小聪明"。正是这种"小聪明"，成就了他的大事业。

这正如美国知名作家苏珊·桑塔格所言："很多已不再年轻的作家，以不同的理由宣称他们读得很少，甚至觉得阅读与写作在某种程度上是不兼容的。也许，对某些作家来说是如此。"

对于张健初来说，他该读的时候读，读了就管用。我们可以从他出版的几部作品看出他的这种风格。

2012年，张健初应《中国金银币》杂志总编的聘请，主编"中国金银币"丛书，他行程两万公里，到上海、南京、沈阳、香港等地，采访了30余位收藏家，前后用了五年时间，编纂一套"中国金银币"精装本工具书，填补了中国金融系统的一个空白。

在以后的日子里，张健初又出版了第二本《老安庆》，以及《孙多慈与徐悲鸿爱情画传》《如是文人》《传奇余良卿》等六本书。

一时间，张健初的知名度在安庆文化界空前提升。他靠自己的特质来提升自己的魅力，常常以安庆文史专家的身份出现在很多场合。他与"懒悟艺术馆"的张庆等策划、主办的"安庆建城八百年展"，影响大、口碑好，使众多的观展者深深地叹佩："安庆不愧是一座历史文化名城。"

张健初的书房不大，不到六个平方米，但拾落得很干净、整洁、温馨。北面的一扇窗户，对着菱湖公园，书桌上的玻璃板擦得贼亮，一台电脑放在中间，东西两组书橱里整齐地放满了书，有一层放的是他自己的作品"老安庆"系列等。

书房很符合张健初读书的习惯，他藏书不多，大多是史料类的，很少有小说、散文、诗歌、名著。藏书只有约4 000册，这在我采访的对象中是最少的。

张健初在同龄人中电脑水平是比较好的，他没事就在电脑上浏览，或者是在微信群里发消息。他的微博空间的关注量很大，因此他在网络空间的粉丝特别多。

张健初把纸质阅读和视频阅读结合得比较好。这样的读书方式，不用那么正襟危坐，坐而论道，过那种苦行僧的日子。这是不是有那么一点"绝学无忧"的味道呢？是也？非也？

张建初夫妇游俄罗斯

我以为，读书不在于方式，而在于个人喜爱，在于泛读与精读相结合，在于读而优则用。至于宋朝诗人黄山谷说的："三日不读书，便觉语言无味、面目可憎。"那是另一种境界了。

我书橱中有一本木心先生的《即兴判断》，看完了才知道"即兴"也就是随便写的意思。可是，随便写不是无本之源，它是在厚积薄发的基础上的"随便写"。

我想，张健初为我们打造的"老安庆"是一种境界，进入境界恐怕多少得有点耐心。如果浮躁，就无法让读者体验"老安庆"的底蕴、韵味、气息、格局。

"老安庆"是从时间的深处走来，距今已经五年了。张健初送给我的那本由于放在案头，阳光的照射下，封面已经褪色，书的三围已经发黄，但是书的文字和图片依然如故，抵抗着时间的磨损，承载着厚重的古皖文化，历久而弥新。

由此想来，张健初的"老安庆"系列绝不是"随便写"，而是博览群书、深思熟虑、厚积薄发。

　　写好此文，已是黄昏。我打手机问张健初何时审阅本文，他说他在扬州带孙子，一时间回不了安庆。

　　那么"何时一樽酒，重与细论文"呢？

　　我期待着张健初在早春二月携带瘦西湖的"眉柳浅淡，柔波凝碧"，陶醉着我、熏染着我、诗意着我。然后，我们对"具智骨者，必有造诣"评头论足的同时，去感触"安庆读书人家"含苞待放的馨香。

2020年12月12日

钱绍武在画室

一花一草一世界
——记钱玲萍

钱玲萍摄于采访时

安庆是历史悠久的文化名城,茶余饭后在文化圈子内,大家闲谈之中,冷不丁冒出××、××是中国书法家协会、中国美术家协会、中国作家协会的会员,于是,人们的眼中露出了倾慕的眼神。

钱玲萍就是在文友之间的谈话中进入我的视线的。

听了文友的介绍,我走进了钱玲萍画室。

钱玲萍的画室比我采访的几位文友的书房要大得多,推开两扇落地玻璃门,给人第一感觉,大约30多平方米的画室,宽敞、开阔。紧接着映入眼帘的是一个偌大的画案放在中间,占据了整个工作室的三分之一,左边一组书橱将工作室与另外一间卧室隔开,画案紧靠着书橱。画案

2023年在日本东京参加国际工笔重彩画双年展

的西头是一个通道，可以供人到南面窗前的椅子小坐或观看外面的风景。东南角的花架子上，一盆枯干的荷叶，高低错落，有几分沧桑、几分妙趣和诗意。画案上有一盆墨兰，宽厚的兰草在紫砂盆里恣意生长，有几枝花开败未修剪，但姿态很美，可见盛开时的优雅。东边的墙角还有一盆凤尾竹及几盆阔叶花卉，整个画室显得清雅有韵，生机盎然。

画案的顶部悬挂着"中国人民大学画院钱玲萍工作室"的横幅，她在此办班教课。

我坐在窗子旁边，钱玲萍坐在画案旁，就这样闲聊起来。她告诉我，自己从小就想当画家，读初中时，每天做完作业，就是画画，把自己心中的想法通过画笔画出来。父亲见她对绘画有如此兴趣，把她送进了县少儿美术培训班,这就是她最初得到的专业培训,也是她绘画艺术生涯的第一个坐标。从此一发不可收拾,工作后又经过朋友推荐跟从朱云岳、孙浩群等老师研习国画。尽管工作很忙,但她笔耕不辍。2011年,她报考了北京画院王培东大写意花鸟画研修班,为了专心学习,接到入学通知以后,她毅然辞去工作。

在赴北京画院学习的问题上,钱玲萍是果敢的,果敢在于她不被工作所羁绊,不被儿女情长所缠绕,不为前途未卜所退却。这在一些人的眼中是一反常态,居然在儿子读初中时"北漂"。回头看,正是她敢于迈出这沉重的一步,为后来的发展打下了坚实的基础。

在北京画院学习时,她除了上课就是看画展。北京美术馆的画展,每年大大小小有三百多场。这种高雅的艺术氛围浸润着她,心中积压的美好情愫在悄然奔涌,同时她的眼界大开,思路活跃、目标清晰。她逢展必看,白天看画展,晚上画画。在学习期间,钱玲萍每天早上6点到教室,晚上12点回寝室,一天只睡四五个小时。一年时间在这样的生活中很快就过去了。

为了提升自己的绘画水平,2012年起钱玲萍又在北京文化部现代工笔画院,潜心学习三年。在此期间她很庆幸,曾得到国内一线名家的指导,尤其是得益于王天胜、刘新华、苏百钧等几位教授的指导,因此少走了很多弯路。

同时,她大量阅读《中国美术史》《西方美术史》《文化鉴赏大成》等国内外名家的著作和画册数百本,从中汲取大量的理论知识。她深知,要想画出有深度的作品,必须要相应的理论知识和文化底蕴相匹配。

为了实现心中的梦想,她很勤奋,每天与时间赛跑,熬夜是常事。有些年,当人们还沉浸在春节欢欣团聚的喜悦中时,她已背上行囊飞到千里之外的西双版纳写生了。这其中的酸甜苦辣只有钱玲萍自己知道。

2013年，钱玲萍开始参加全国美展，为了创作参赛作品，她多次冒着大雪到几十公里以外的河边观察蒲棒草。河边寒风凛冽，渺无人迹，她一个人一站就是一个多小时。

功夫不负有心人，她创作的《晴雪》入选全国美展。从此，她信心百倍，大有一发而不可收之势。在以后参赛的几十幅作品中，她把自己的精力渗透画面的每一个角落。小鸟的一根羽毛，蔬果的每一个皱褶，藤萝的每一根枝蔓，皆栩栩如生。其色或苍、或黄、或素、或黯、或黑、或漆；或渥如丹、或鲜如濯、或黯如染。信手拈来，无不如意。她做到了画在心中，以画抒情，以画聊志，以画取胜。师承驳杂广通，不拘秦汉唐风，与宋人达到心契。

在"北漂"十年中，

2017年中美协画展获奖作品两幅

钱玲萍在画展上

导师的指引、画展的熏陶、同仁的竞争,刺激了她绘画追求精益的深化,这种深化不仅仅表现在画面上,也渗透到她的品格、画风和心性的层面。她的作品那么流畅、线条那么清晰、画面那样饱满、意境那么深远,都是可以让人细细咀嚼、慢慢品味的。

对绘画的痴迷,嵌入了钱玲萍青少年时代的日常生活中,随着时间的流逝和绘画水平的提高,绘画构成了她理性世界的图腾,可以说为了绘画,能吃的苦,她都能忍受,她把书理入画,画理入书,书中有画,画中有书,书画同源的理念融进了绘画事业中,使自己精神世界的追求,达到了理想的氛围。

钱玲萍告诉我,其早期的画风趋向于临摹,现在的画风趋向于创作。往往是"兵马未动粮草先行",她把自己的构思、立意,变为画面,并赋予新意。对线条、章法、布局,讲究灵活多变。由于长期实践,熟能多巧,构筑了自己的风格,从而得到了同行业的认可,在北京成功举办了多场画展,并于2017年加入了中国美术家协会。同时也在中国人民大学画院开设了"钱玲萍工作室",连续三年办了教学班。

钱玲萍成功走进绘画艺术的宫殿,是几十年坚持不懈地对绘画艺术的追求和探索,不顾途中充满艰辛,仍一往而情深的结果。对绘画用的是心,倾注的是情,洒的是汗水,凭的是灵感。她的每一幅画创作的背后，都有一个感人的故事。她的不平凡之处恰恰就在此处。敢于摸索、敢于拼搏、敢于创新，知其难而为之，知其高而登之，知其苦而认之。她所创作的几十幅作品，构思斑驳，立意深远、画面多样、格调新颖。画中彰显出的熟练、沉稳、典雅，透露出她对绘画艺术的探索、创新和追求。

我相信，钱玲萍在构思、创作、落笔时，心中充满了自信和美的享受。

最近，安庆美术家协会换届，钱玲萍当选为副主席。我想，这名利双收的背后，凝聚着她多少汗水，真可谓"梅花香自苦寒来"。

名气大了，钱玲萍对自己要求更严格了，尽量做到不放过绘画过程中的一些细小的懈怠之处，意在笔前、画在心中。偶尔失误，就因势利导，星星点点补笔恰到好处。

因此，无论是方寸之间，还是满幅画面，哪一笔重墨、哪一笔轻描、哪一笔飞扬、哪一笔收敛，钱玲萍皆能胸有成竹。她使自己潜心于绘画艺术的世界里，创作出更多更好的作品，一步一步迈向更高的目标，从而让读者得到更深层次的美的享受。

2020年5月24日

旧宅简陋,书房敞亮

不改初衷向高标
——记董之忱

一

董之忱,出身贫寒,童年生活窘迫,少年中途辍学。15岁参加工作,曾就业于多家集体企业。

董之忱

工作之初，他对篆刻充满兴趣，把机床用过的旧钻头，打磨成篆刻刀具。在大理石厂工作时，废弃的大理石碎块是他刀下最好的石料，有空便琢磨如何雕刻。手中的刻刀常常把他的手指戳破，一双粗糙的手经常是血迹斑斑，那个年代"创可贴"的使用还不是很普及，有时候一只手上缠了几块纱布接着干是常事。

尽管简陋的刀具镌刻出的作品不甚优美，但由于他持之以恒，刀法、刀功、腕力都得到了很好的锻炼和提高。

二

20世纪90年代，企业改制买断工龄后，之忱以篆刻为生，居陋巷，苦读书，自食其力，成家立业。尽管生活拮据，捉襟见肘，但买书不辍，遇到好书更是不惜重金，有时候一个月仅买书就花去800元，这样大的开支要几个月才能平衡。

2002年，他的孩子出生，母亲又去世，爱人长期没有工作，身体多病，多次辗转上海、南京治疗。在生活极为困难的情况下，之忱仍坚持学习，他力不辞其所难，业不投其所捷，常常是到第二天凌晨才休息。

记得我第一次到他家，从二环路步入小巷几曲几弯。沿途有理发店招揽顾客，麻将声清晰入耳。经过几分钟的穿行，来到一片似庭院不似庭院、高低不平的场地。之忱的家在一栋旧宅的二楼，入门楼道阴暗，上了二楼，进门是一间简陋的客厅，桌椅板凳都是多少年以前的老式家具，一束清亮的光线落在客厅昏暗的地面上。

顺着光线看进去，迎面是一间十几平方米的书房，书架上，摆满了书籍，书架的顶部，是一排古董，犹如"深山藏古寺"，又如山涧的一股清泉流过心田，让人感到一股书卷气扑面而来。

董之忱告诉我，他家最早的住房是父亲1973年建的（土砖木结

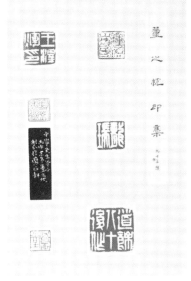

董之忱旧日居所　　　　　　　　《董之忱印稿》

构，小瓦）。当时家境非常困难，父母亲都没有工作。凡到他家的朋友都觉得像个破庙。卧室兼书房在西边，十二三个平方米，一张简易的木板拼成的床，一个竹子书架，放不下的书就用旧纸箱装，箱子的口对外放成一排，起到与书架子同样的作用。

到了80年代书房开始到处漏雨，由于家里条件差，怎么翻修都修不好。下雨的时候，就把事前准备好的塑料布盖在上面用石头压住。别的地方只能用脸盆、饭碗、木盆接漏，下雨的夜里经常被滴滴答答的雨点声扰醒。有时候雨大，雨水将地面打湿，渗透到装书的纸箱子旁边，他只好起来，把纸箱子搬到桌子上，颇有点像杜甫《茅屋为秋风所破歌》描述的那样。那几年，类似的情况在梅雨季节重复上演，于是他就给书房起了个"百漏斋"的名字。

1996年，他在原址上建了现在的住房，书房在东面，光线明亮，生活条件也略微改善。先师樵公见之说，原来的斋号已不合适，他看董之忱酷爱金石，为人诚实又比较喜欢收集画兰草的画，于是，取意"金石其心,兰之其室",就起了个"兰石轩"的名号。著名艺术评论家则起名"嚼凡斋"。实际上董之忱还给自己起了个"籀古堂"的斋号,因为他主要学习大小篆和篆刻。

走进"籀古堂",一张简陋而偌大的书桌占去了书房的二分之一,两壁书橱排满了书籍,各种印章的石料琳琅满目,这些石料可观、可赏、可把玩,不乏"四大名石"等珍品。书桌上摆放有砚台、笔架、刀具和几枚刻好的印章。在读书篆刻的同时,之忱也喜爱收藏,书橱的顶上,放满了他淘宝来的瓷器和古玩,仅砚台就收藏了五六十方。以清代为多,最早的一方是五代时期的。

书房东面的窗户与邻居的窗户只有一米之遥,可以清晰地看到那户人家的大衣柜以及桌上摆放的东西,南面的窗户被对面楼房的墙壁挡住了视线。书房的书橱书桌虽然上不了档次,但书橱里的书籍、收藏的砚台、印章的石料等,凸显了浓郁的文化氛围。

之忱居住的环境虽然简陋,但他居不择其所安,意不动其所欲,目不为其所艳。他就是在这样的环境里,潜心读书、习字、篆刻,多少年如一日。他经常是每天足不出户,在书房看书、篆

董之忱篆刻对联:"为民初心不变,造福责任在肩"

刻达12小时以上。

焚膏继晷，日累月积，砚田以耕之，墨池勤溉之。功夫不负有心人，其作品一笔一划、一刀一法，沉着老道，深厚古朴、疏通畅达。刀法宏厚而不至于肥，清细而不至于瘠；小印能时屈时伸，回旋自如；大章古朴气雄，骨坚豪迈。

其安贫乐志，不失素风。学业日进，篆技甚精。与安庆几位已故篆刻前辈相比，他的篆刻远离了传统镂刻的藩篱，镌刻着岁月的痕迹，律动着生活的雅趣，展示着手法的奇妙，凸显着造构的新意，颇有后来者居上之势。

有些文友喜欢去之枕"籀古堂"小坐，喝茶，谈天。有一次我从"籀古堂"出来，沿途静悄悄的，洗头房的小姐在向我招手。我心无旁骛地经过"红灯区"，边走边想，人各有志，不以境移，以境移者，亦能有志哉？古人云："盖境与志合，虽不乐，犹乐境；与志违，虽乐，犹弗乐也。"故，之忱兄固在志不在境也！

三

书山有路勤为径，功夫不负有心人。

2014年5月，安庆市美术馆、书画院、书法协会为董之忱主办了"董之忱篆刻展"。这是安庆市有史以来第一个个人篆刻展。作品30余件，印章有300多方，这在篆刻的世界里是非常可观的数字，外行人岂能体味其中之艰辛。

听着参观者赞不绝口，我想到，每每夜阑人静，之忱钟情于台灯下的温馨。无论是与书厮守相对，还是灯下专心致志篆刻，他用心智和汗水在铺就通向篆刻艺术宫殿的台阶。

几十年来，之忱不墨守成规、不甘于平庸，默默无闻，声影寂寥，沉潜博学，构思幽深，笔意强劲，不媚颜、不软骨、也不张扬。

董之忱在刻印

一枚枚造型各异的印章，迥出意表，墨痕、刀迹，游刃有余。章法、布局，上追战国秦汉，深厚古朴，骨坚气雄；下至当下国内精粹，秀美飘逸，有春蚕吐丝之美。

恰如国奕不废旧谱，而不执旧谱；国医不泥古方，而不弃古方，这也是之忱从浩瀚的古印中汲取营养，创新发展的源泉。

不在意任何人的点赞，不在乎书房条件的简陋，不渴望有什么捷径可攀。在一笔一画的构思中，在一镂一镌的坚挺中，在时间一分一秒的流逝中，成就蕴藉已久的作品。

之忱之印，有时似幽谷的涧水，明澈中带有冷峻；有时如激流汹涌，澎湃中凸显大气磅礴；有时是山峰林立，彰显遒劲奇崛之势。

咀嚼他的寂寞，平日万般艰辛，悉堆眉端；体味他的章法，墨痕刀迹，深厚古朴；欣赏他的风格，匠气弥笃，不拘格套。

不难想象，他将这种寂寞诠释为笔势奔放、造构典雅的同时，显现出他触手成春、精益求精的工匠精神。他让一枚枚印章在字里行间充满了生命，流淌着一种放达豪迈之气。

这彰显出他内心深处的那份沉潜执着的追求、那份自得其乐的享受、那份甘于寂寞、勇于创新的心境。

与之忱兄多年的接触，我感到，他能在书法、篆刻艺术方面有如此高度，实亦为理之所有也。而尤为可贵的是他无论处于何种层面，都一直保持低调做人。

正因为他具有这种自觉、这种追求、这种潜质，他的人品、才华，才得到了同仁的首肯，成为安庆乃至安徽篆刻界凤毛麟角的大家。

近几年来，董之忱出版了三本篆刻集，名声鹊起，慕名请他刻印章的人范围越来越大，省内外不乏其人。

董之忱所刻印章

我认为，这也是他几十年来，经过自己坚持不懈的努力，获得文化、艺术的浸润后，得到的最佳回报吧！

2018年12月1日

张庆书房

张庆书斋藏古今,"懒悟"红尘显风流
——记张庆

张庆住在方圆大约两平方公里的秀水华亭,这是安庆开发比较早的小区。整个小区绿化面积达到三分之一。小区主干道的两侧都是高大的樟树,郁郁葱葱,浓荫蔽日,秋风徐来,桂香氤氲。再往里走是人造的小桥流水,虽然流水不活,但很清澈;木质结构的桥面平坦结实,假山的身影映在水面,伴着天光云影,若明若暗,不远处有芭蕉、柳树在粉墙前摇曳,大有徽派建筑的韵味。

走过小桥流水,往东面一拐,一眼看去,尽是培植的冬青形成

本书作者采访张庆(左)

栅栏，平缓蜿蜒地将一栋栋楼房环绕。2020年10月10日的下午，我们在张庆的带领下，经过小桥流水，曲径通幽，来到一栋绿树丛中的五层楼前。这种多层建筑在20世纪90年代以后开发的小区中已经不多见，因此给人感到别具一格。

阅览室

上楼时，张庆告诉我们这小区的三层以上都是住一户人家，是复式楼。

楼道干净整洁，到了三楼，张庆的女儿将门打开迎接我们。

下午略微偏西的阳光，从书房、客厅，倾泻到室内，让人感到室内的温度，比室外要高。

进门左手是张庆的书房，书房虽小，但敞亮、清净、温馨。

大约不到十平方米的书房，东面是一堵白墙，书架镶嵌在墙上。简陋的书架上摆放了收藏名人字画的资料匣子，他把古今名人的光阴和记忆，笔下的山光水色、风土人情、快乐和喜悦全都收藏其中，需要时按图索骥，再现往日的风情。

书架最上方摆着一尊拓荒牛和一棵仿玉的大白菜工艺品，一盆绿萝放在书架顶部的最北边。

按书房空间大小设计的书桌，紧靠墙壁、横亘在书房三分之二的位置，书桌上仅仅供放一台电脑，同时可以放几本书。

书房别具一格的是将阳台巧妙与书房融为一体，阳台地面高出书房的地面一个台阶，长度和宽度正好摆放单人躺椅式的布质沙发。沙发两侧是凸起圆形的包边，人躺在上面如同落在"褓褓"之中，与其颜色配套架脚的小皮凳让人感到很柔软。

张庆说他每天只要有空就躺在上面看书，一看就是一个小时。可以想象张庆在书房享受的光阴是多么的惬意，这份惬意又是读书人共同拥有的感觉，是一种很美的意境。

落地的玻璃窗，使阳台阳光充沛，书房光线明亮。光线的直射处与地面和墙体的光节点，形成一道鲜红的色韵。

让人感到生机盎然的是，一个与阳台宽度一样、高度略矮

张庆的外公——安庆名医张国范

一点的木质花架，紧靠墙壁，顶部和底部伸出的方格子呈90度，花盆正好落在方格子内，既不占空间，美观大方又起到了平衡的作用。摆在上面方格子内的几盆常青藤从盆中蔓延并垂下来，形成一道绿色的墙体。底部摆放有绿萝、剑兰，盛开的海棠花鲜艳夺目，散发出清新的花木气息的同时，将这方绿色的"照壁"映衬得姹紫嫣红，美不胜收。

书房的西面是玻璃幕墙，透过玻璃可以直视客厅，这种设计使

张庆和毕家祯在懒悟艺术馆

略小的书房显得开阔。玻璃幕墙下,是一排与凳子一样高的书橱,橱柜里摆放着不常看的书,橱面上摆放有张庆平日阅读的书籍,在书房的西南角恰到好处地摆放一藤椅,坐在藤椅上可以随意查找橱上的书籍。张庆收藏的大量书籍均在赖悟艺术馆和大龙山桃源艺术村陈列。

原来,张庆的住房,三层是书房、客厅、厨房和洗漱间,四楼是卧室,五楼半是阳台半是储藏室。

中秋的太阳,阳光十分强烈,站在阳台上,目光从楼前别墅的顶部远眺,可以看到大湖一隅,只见水面在白花花的阳光照射下,像镜面在反光。在阳台上站一会儿,便感到光线刺眼,身上冒汗。我们赶紧回到书房,张庆打开空调,凉快了些许,我和张庆坐在书桌和书橱之间聊了起来。

张庆向我谈了很多读书的感想,我侧重向他了解为什么不惜重

懒悟艺术馆展厅一

懒悟艺术馆展厅二

张庆与毕家祯

金,打造"懒悟艺术馆"的原因。

张庆说:"因为自己的外祖父张国范与懒悟有一段珍贵友情,外祖父在世时,懒悟在钱牌楼29号'张国范中医诊所'绘制了很多书画佳作,可惜的是大多在'文革'中散失。我每每看到外祖父保留的懒悟的几幅作品,冥冥之中有一种承隔代缘的暗示,我就萌发出发掘懒悟的艺术人生、集中展示懒悟画作、弘扬懒悟书画艺术、打造本土品牌的想法。于是,懒悟艺术馆就这样问世了。"

张庆告诉我,懒悟(1901—1969)是河南潢川人,幼年披剃于潢川远铎庵,壮游吴越,1925年东渡日本习法相,归国后继读于闽南佛学院。居杭州灵隐寺、安庆迎江寺多年。1956年任合肥明教寺住持。为中国佛教协会理事、安徽文史馆馆员、安徽省美协理事、合肥市政协委员,1969年4月24日圆寂于合肥月潭庵。

听了张庆的介绍,联想到懒悟艺术馆在安庆的影响之大,我们对懒悟更加肃然起敬,约定下周日去懒悟艺术馆。

张庆与毕家祯欣赏懒悟作品

2020年10月18日星期天,我们走进了懒悟艺术馆。

"安庆懒悟艺术馆是一家地域性的民营展馆,有着两大收藏体系。一是安庆迎江寺画僧懒悟的书画作品,在20世纪中国传统文化和西方美术教育体制的碰撞中,形成了独立尘表的一道风景;二是清初、民国到当今已故的安庆历史名人的书画及文献,林林总总逾百件,算是'兵多将广'。而能扛'帅旗'的,当属五四运动的总司令、中国共产党一大到五大总书记陈独秀的一幅书法条款。"这些成为懒悟艺术馆的镇馆之宝。

懒悟艺术馆位于龙山路78号联通大厦二楼,总面积达300多平方米。

艺术馆分展厅、客厅、办公三个部分。

走进艺术馆,是两个约100多平方米的长方形展厅。展出的书画作品,都是安庆书画名人的杰作,细细观赏,心境一下子平静下来,让人沉浸在浓郁的文化艺术氛围中。

自2010年开馆以来,已经主办5次书画展,观展人数达数十万

2016年9月在合肥文博会上

以上,因其弘扬祖国历史文化,展示安庆风土人情,营造安庆历史文化名城氛围而深得广大观众的好评。

再往里走是一个垂直于展厅、大约60平方米的书厅,中间是一张3米长、1米宽的花梨木条案,案头杂陈着精致的笔架、工艺品和装裱好的书画作品。两边各放6把椅子,供文友品茶、议事、谈心,是一个研读古代名画、座谈观后感的好地方。

北面的一排玻璃窗,宽敞、明亮,窗台和防盗窗上摆满了花卉盆景,阳光照在上面,呈现出一派生机勃勃的景象。

西面是一排书橱,陈列了大约有5 000册各个时期的书籍。书橱的顶端摆放了古玩瓷器。

东面的正中是一扇门,门两侧悬挂着名书法家冯仲华写的"友如作画须求淡,山似论文不喜平"的条幅。两边依次向外是两个古玩架,摆放了古玩瓷器以及绿萝盆景。

推门进去靠东面的窗户摆放了两张办公桌,南面是书橱。北面是一间大约十平方米的小房间,放一张单人床,是主人休憩的地方。

我们参观了懒悟艺术馆后,我和张庆在馆前摄影留念。然后坐在条案前喝茶、品画、聊天。

闲聊时,条案对面摊开的一幅呈现出老旧色的山水画,引起了我的注意。

我起身走过去,张庆也走过去,他把摊开的藏品轻轻地掀起一角,向我介绍。我兴趣盎然地听他叙述捡漏的经过:"1979年在合肥,捡漏的这幅懒悟珍品。因为没有印章,很多人不敢下手。我凭借自己对懒悟多年的研究,百分之百地认为此画出自懒悟笔下毫无悬念。于是,我当机立断用8 000元人民币,将此画购置。经过多方论证,果不其然,乃懒悟之真品也。"

想到张庆当年沙里淘金,尤其是回家后,将购得的懒悟真品在书斋摩挲批阅,视其为沧海遗珠,那种喜悦的心情溢于言表,可谓是为他的收藏生涯增添了别样的欢乐。

我仔细地欣赏,这发黄的画面,清晰地展示了大龙山的沧桑秋色。时间仿佛并没有流逝,仍然停留在懒悟所置身的时空,给人一种清寂,有着茫茫秋色中"渔舟一介"的寂寥感,或许只能一人独享其境,才能素颜修行吧。我细想,一个人进入禅境,相对于红尘,只是给自己更多的清静和享受深邃的时空。就像"鸿雁在天,鱼在水";就像"炉香静逐游丝转";就像蛙之于荷塘,和谐静谧,动静相宜;就像落叶之于森林,悄然而落美丽的身影,寂静无声……朝花夕拾,拾起的是懒悟这幅《安庆大龙山秋色图》,似乎当年那"山映斜阳天接水,秋色连波波上寒烟翠"的旧韵余香在画面流淌。画面凸显出内蕴的文化醇厚奇峭幽深的境界,以及题跋为画面增加了更加宁静悠远的韵味,有着摄人心魄的魅力,给人以宁静悠远的感受。

没有静心,岂有佳作?没有造诣,何伸雅怀?懒悟给安庆历史文化名城留下的精神食粮,滋润了我们的心田。

这种情操与懒悟当年追求真理、追求文明、追求自由的理念是分不开的。史料记载，"1927年，懒悟在闽南佛学院读书时，参加过陈独秀领导的学生运动。这或许就是懒悟在博大精深的佛学、历史悠久的书画艺术等方面有所造诣的基石。

我全神贯注地欣赏。在视角凝视的瞬间，我读出了懒悟那份对天地自然的敬仰，对古城安庆的喜爱和绘画技艺的娴熟。长时间面对画面的肃穆悠远幽静，让人在与大自然的凝视中产生一种穿越。

试想当年在懒悟的生活圈子里，经常有文人骚客雅聚在振风塔下那简陋、古朴、曲径通幽的禅房。书案上常有宣纸、徽墨、宋砚。同时，不乏泛着墨香，散发着酣畅淋漓、天地氤氲的佳作吸引着文人骚客的眼球。

他们时常吟诗品茶，挥毫泼墨，或在迎江寺茶楼，或在大龙山下，或在菱湖公园，可谓"或取诸怀抱，悟言一室之内，或因寄所托，放浪形骸之外……快然自足，不知老之将至"。

同时回味一下范仲淹"碧云天、黄叶地，秋色连波波上寒烟翠"的悠远、沧桑，就会感到范仲淹笔下的意蕴，似乎渗透在懒悟"大龙山秋色"画面的每一个细节之中，从而构成了秋色沧桑千古同然的景观，令人沉湎而意远。

想到这些，我想到"生活不只是眼前的苟且，还有诗和远方"。懒悟一直在努力为他的远方努力探索，虽然他不知道这个远方有多遥远。但是他笔下生花，让我亦受其深深感染，融入其妙曼的意境，化为参悟、敬畏和对大自然的钟情。当后人在他笔下的大龙山秋色中徜徉、品味，在时光的深处倾心相遇的那一瞬间，或许就是懒悟达到了他心中的远方。

多年来，张庆收藏的名人字画、书籍、手稿数量颇丰，还出版了数本画册及文集。

去年，张庆为了进一步弘扬中国历史文化，彰显安庆历史文化名城的风采,在大龙山脚下租地承建了"桃元艺术村"。初具规模的桃元艺术村,坐落在三面环山一面朝水的风水宝地。

  试想,春末夏初或中秋时节,趁着雨后的凉爽,看青山绿水、听蛙鸣蝉唱,远眺一堤垂柳,绿波涟漪,然后全身心地沉浸在浓郁的文化艺术氛围中,是何等的闲适。

  我坚信,随着时间的推移,桃元艺术村必将成为对青少年进行历史文化教育的良好场所和文人雅集的"兰亭",而与懒悟艺术馆一样被世人关注。

2020年10月18日

红尘中的留仙阁
——记史良高

青年时代的史良高

如今的书斋,名号雕字镂句,笔下生花。无论是斋堂室馆,或庐阁舍轩,引经据典都有其渊源,或托物明志,或寄寓情怀,或自警自勉。那么,我熟悉的作家史良高先生的书斋为何取名"留仙阁"呢?

带着一分好奇、一分疑问,在一个秋高气爽的日子里,我叩响了良高的家门。对于我的造访,正在电脑前上网的他起身张罗后与我寒暄一番。稍坐片刻,我开门见山地表示想了解书斋留仙阁的来历。提到他书斋的名号,他便呵呵一乐,在一堆报刊剪辑中翻出一篇文章《阁楼上的"狐仙"》给我看。

不看不知道,一看真奇妙。原来,良高儿时老家的古宅阁楼之上终年栖居着一群"狐仙"。因为这群"狐仙",留下过许多荒诞滑

史良高在写作

稽、扑朔迷离的故事。

那是清末民初,他家阁楼上住过一位风流倜傥的画师。相传某日画师乘船外出,兴许一时囊中羞涩,兴许有意戏弄船家,欲将手中一把折扇作为船资抵付。船家乃一撑渡糊口之人,要那折扇何用?双方便争执起来。画师刷的一声打开扇面,只见滢滢水草之间两只螃蟹呼之欲出。画师伸出指头轻轻一弹,两只螃蟹瞬间落入湖水,一下钻进水底不见踪影,让一船人顿时惊掉下巴。

还有一则故事,说的是古镇有一酒徒,拿着画师一幅墨宝《月上柳梢头》去典当行兑银沽酒,送当时满月一轮,赎当时却变成了一弯新月。刁钻无赖的酒徒不依不饶,非要讹当铺十倍银两。无奈,老板在鸿庆楼摆了一桌宴请画师。画师把酒临风,闭口不谈画事,临了丢下一句话:"让他十五来取!"届时,果然画作上月满盈盈。

画师的画，幅幅烟云叠嶂，薄雾缥缈，纯青淡雅的笔墨里透有一股仙气，坊间都说，画师得益于阁楼上的"狐仙"。许是画师自负与狂妄，许是画师放浪与轻薄，最终灵气顿失，画作艰涩，笔枯墨竭，江郎才尽。

良高告诉我们，斋名"留仙阁"其实是他父亲的杰作。良高的父亲乃旧时桐城人，读过十年长学，算不得学富五车，但饱读经史子集。新中国成立初期，他老人家从青山脚下长河岸边的何如宠与钱澄之故乡搜集了不少善本古籍，那些线装书都是一律蓝布封皮包装，有的套书还置于紫檀盒内。可惜1966年夏天，一伙佩戴红袖箍的人打着"破四旧"的旗号，强行搜去父亲所有藏书，当街付之一炬，让父亲大病一场。

等到良高住进留仙阁时，结满蛛网的书斋，仅存一幅偷偷藏起的条幅孤零零地在诉说着伤心往事："温恭为基孝友为德，礼乐是悦

史良高在签名售书

诗书是敦。"藏书没有了，但是"狐仙"还在。白天它们几乎幽居于沉寂的阁楼，极少外出，唯有夜阑人静，窸窸窣窣，悠游于阁楼和屋瓦之上。

一年年过去，"狐仙"与家人相安无事，哪怕是母亲喂养的鸡雏，一窝一窝，从来毫发无损。就在那个书斋，年少的良高从《百家姓》《三字经》《千家诗》读到《幼学琼林》，也读《宝葫芦的秘密》《小布头奇遇记》，当然还有同学中悄悄流传的《水浒传》《青春之歌》《苦菜花》等。

每天清晨，良高一如既往地端端正正地坐到写字台前，用毛笔顶着鼻尖，在大表纸上临写父亲的中楷："一去二三里，烟村四五家，楼台六七座，八九十之花。"父亲温文尔雅，写得一手好字，蝇头小楷尤佳，但对童年的良高十分苛刻，一个字写得不好就会奖励一个"刮栗"。在那个市面上还没有印刷对联的时代，小镇人家春节的门对，包括公社机关，多半出自良高之手。

良高也喜丹青，从临摹《芥子园画谱》入手，画竹，画梅，亦习山水、人物。那些年月，过年了，别人都买描绘战天斗地、改造山河的年画，唯独良高家墙壁上的年画别具一格，那都是他自己画的，有寒汀的花鸟，有黄宾虹的山水，还有徐悲鸿的奔马。许多画笔墨未干，就被街坊四邻"劫"走。据后来自己回忆，他的丹青缘与留仙阁的"狐仙"究竟有没有瓜葛，连他自己也说不清。因为他从未拜师，也没进过美术班，忽然就心血来潮，心有灵犀。有一年，他居然在县级美术大考中过关斩将，力挫群雄，夺得全县第一。在地区八县一市9名考生决战的冲刺中，他的成绩依然不错，只是因为体检时视力被查出色弱而错失深造良机。

后来，良高和那个年代的莘莘学子一起，上山下乡。再后来招工进城，读书深造，书斋"留仙阁"就成了良高心中遥远的伊甸园。

1980年，良高结婚了。"婚房"里除了一张单人床，还有单位按规定配给妻子的一张三屉一柜办公桌，没有其他家具。与其他人婚房截然不同的是，良高的"婚房"里上上下下摆满了书，可谓书香盈室。其时，良高就职工会。所谓婚房，其实是工会在单身楼辟出的一间图书阅览室。那时候，百废俱兴，年轻职工求知欲旺盛，每天来图书室读书借书的人络绎不绝。白天，良高上班；晚上，和职工一起看书读报。虽然那不是自己的留仙阁，可是，那里的图书汗牛充栋。

置身书屋的那几年，良高恨不能把所有图书当成面包生吞活剥，每晚守着台灯读至深夜。这期间，他相继读了《巴黎圣母院》《三国演义》等许多中外名著。也是在书屋，良高接触了文学社的文朋诗友，开始写作诗歌、散文、小说。1977年发表在《安徽青年报》副刊的处女作《家乡鱼市》就在这间书屋萌芽。

潜心读书，逢好书必买，是良高当年的唯一嗜好。当时的吴越街新华书店和书店后面的市直单位的计划分配书柜，成了良高常去的地方。他还饶有兴致地告诉我们一个鲜为人知的故事：

大约是1978年，他在厂工会写写画画，有个周末，他在新华书店书架上意外地发现了一本《说文解字》，那是"文革"后第一次再版，他毫不犹豫地紧紧抓到手上。正在书架上四顾，发现一位相貌儒雅的中年人一直盯着他手里的书。良高问，您有事吗？那位先生和蔼地说，这本书，您要吗？良高说，当然！那位先生说，想和你商量，能不能让给我？看到良高恋恋不舍，中年人自报家门，说他叫胡寄樵，酷爱书法、治印，正在研究金石，迫切需要这本书。

当时，胡老先生还不甚出名，但是，良高还是拱手相让了。讲好的条件是必须送他一幅墨宝，胡寄樵先生愉快地答应了。事后，良高才猛然想起，当时没有留下任何联系方式，也不知单位何处，去哪里索要墨宝呢？直至很多年后，有一次他邀画家王其锡先生去龙山路胡老府上鉴定一只钤有"太平府"印章的铜壶，提起当年旧事，胡老仍然铭记于心,而且感慨时光如驹过隙。只是答应赠送墨宝一事,胡老早已忘却,良高也不好再度提起。

真正拥有书房,是在良高分到单元楼房之后。书房也是卧室,一张写字台,两只书柜,一把藤椅。两只书柜,夫妻各占"半边天"。良高的爱人是医生,书柜里摆放的是《临床医学》《小儿内科学》等一排排医学书籍。良高的书柜里,《中国古代文学史》《中国现代文学史》《古文观止》等书籍挤得满满的,还有许多书实在摆放不下,只好堆在一只藤箱里。

闲暇时光里的史良高

有一天夜间,藤箱里一片叽喳之声,掀开一看,好多书刊竟被老鼠啃咬得一片狼藉,成了一窝鼠仔的天堂。一气之下,良高悉数歼灭其老鼠。可是,在后来的日子里,书房里的书籍、字画、藤椅,甚至连台灯电线都被母鼠报复得一片狼藉,惨不忍睹。

那时,良高家居一楼,有一个宽宽的小院。小院里植有石榴、桂树、栀子、月季、美人蕉、洗澡花、仙人掌,墙上爬满了蔷薇青藤。先生读书之余,就去小院莳花弄草,在花盆里种花生土豆,在围墙下种扁豆丝瓜。良高告诉我,那个卧室兼书房,是他炮制新闻的工厂。无数个夜晚,双格纸码字,方格纸誊清,第二天一早送到报社、电台。那几年,他是省市多家媒体通讯员,翻开报纸,打开收音机,

史良高与石楠

一不小心就会与史良高"邂逅"。曾经,他在仅有四版的《安庆新闻报》首创一张报纸上稿三篇(一、二、三版各上消息、通讯、言论杂谈)的纪录。省市广播电台经常电话发稿,白天报送,晚上播出。最值得庆幸的是《安徽日报》头版头条发过良高的一篇近3 000字的长篇通讯,外加编者按,这对一个业余通讯员来说可谓极为不易。

后来,良高调任总厂党委办公室秘书。秘书的职责是办文办事。办事,就是鞍前马后,就是迎来送往。办文,就是呕心沥血,绞尽脑汁,起草那永远也起草不完的红头文件,洋洋万言的工作报告、经验总结等。

为了逃避干扰,作为秘书的良高常常将自己反锁在书房,一杯茶,一支笔,一沓稿纸。焚膏油以继晷,当别人在黎明中享受莲湖的柳浪闻莺时,良高却一头倒在床上熟睡过去。他感到欣慰的是多年的秘书工作,大大提高了自己驾驭各种文字的水平。

良高说,后来搬到这里(菱北)之后,他才有了一方独立的书斋。他的留仙阁虽然不大,但无丝竹之乱,无案牍之劳。他添置了一台戴尔电脑,终于可以坐下来安安静静地读书,安安静静地写作了。

良高的书斋藏书不多，但一枚颇具品位的藏书印，值得一提。那是请中国石油炼制事业的先驱者、新中国炼油第一人何俊英为他篆刻的。何俊英先生早年在国民政府西迁陪都重庆时，师从"国刀"乔大壮研习金石，在方寸之中"审其疏密，辨其妍媸"，在印坛独领风骚。当时就有社会名流蒋维松、常任侠、张大千、吴冠中、沙孟海求他治过印。良高视这方印为至宝，大凡好书，都钤有这方印章。

史良高作品

也就是在留仙阁，良高的文字开始渐渐走出书斋，走向各种媒体，作品散见《当代作家》《散文选刊》《三联生活周刊》《文汇报》《大公报》《星岛日报》，美国《侨报》、菲律宾《商报》等180余家知名报刊。中篇小说《一口浓痰》《活罪难逃》《迟到的忏悔》等也相继发表，有作品入选《微型小说月报》《中华活页文选》《夜光杯文萃》《大报副刊文萃全编》等20余种选本和年度选编，曾获全国散文作家论坛、"相约北京"全国文学艺术大赛等的多种奖项。《水乡的日子》《乡戏》《父亲说过的话》等作品入选北京、上海及全国各省市中高考模拟、训练试题。散文集《竹湖汤汤》《美丽的火车》《依山而居》等先后问世。他还被江苏可一出版集团聘请为签约作家。

在安徽省作协和中国石化作协的会员证上，史良高的笔名是"留仙客"。那些年，他曾经用这个笔名零零散散地发表过一些文字。

后来，或许是这个笔名名不见经传，或许是实名制发表文章更让人放心，这个由书斋留仙阁衍生的笔名就渐行渐远了。

问及良高究竟是如何解读自己的书斋留仙阁的，他想了一下回答说："我的书斋留仙阁应该是一种家族文化的传承，忠厚传家，诗书继世。说句实话，当初住进老家的那幢阁楼的留仙阁时，每天与'狐仙'朝夕相伴，我毫无畏惧之心，相反，有一种莫名的敬畏与虔诚。每年大年初一，我都会与母亲一起，对阁楼上一尊漆黑的'狐仙'牌位焚香礼拜。那时候，懵懵懂懂的我真的奢望'狐仙'能赐予自己一点灵瑞之气，开启智慧之门，不求七步奇才，'咳唾随风生珠玉'，但求'狐仙'梦中赠我一管生花之笔，也像汉唐史页上的那些风流倜傥、曲水流觞的文人雅士那样，下笔千言，文章华国……"

离开留仙阁，我在想，留仙阁，其实留的不是前人的梦幻、前人的风雅、前人的憧憬，留的应该是闻鸡起舞，是天道酬勤。我们每个人，只有在人生的道路上最大限度地充实自己，不断地汲取知识，不断地奋发勤勉，才会在自己的书斋里，营造出别有情致的"文人雅事"。

2018年11月14日

胡永刚书房

砚池勤耕三十载,书法绘画集大成
——记胡永刚

胡永刚老家在桐城金神许嘴村,从小受桐城文风的熏陶,上小学时,对老师的板书非常感兴趣,放学的路上,经常用手在空中划字。

上高中时,他喜欢画画,并且画得很好。班主任老师认为他可以考美术学校。没考上,他就在家乡当了一年多的民办教师。

1985年,安庆市土产日杂公司招聘两名在瓷茶杯上写字的职工。在众多的应聘者中,胡永刚名列前茅。

从1985年9月到2000年,胡永刚一直在土产日杂公司写字。一天在300至400个杯子上写字。

正常的情况下,一天写400个杯子,写一个杯子2分钱,除每个月的基本工资42元,这样每个月可以增加收入8元,这在当时是比较可观的。

安庆是文化底蕴深厚的城

1988年在四牌楼土产公司茶杯写字

市，当年安庆几乎所有单位的会议室用的茶杯都是写字烧制，胡永刚在茶杯上写的小楷是一道亮丽的风景线。

因为字体优美，经常有人驻足观看，我常常是其中的看客之一。

为了不断提高自己的书法水平，胡永刚每天潜心练习书法两小时，长年累月从不间断。十几年来，他以楷书为主，兼攻行草隶篆，为他后来成为一名书法家打下了良好的基础。

今天看他的书法作品，盈尺之间，以小取胜；满幅作品，大气磅礴。密不透风，疏可行马。正草隶篆，各得其所，互相辉映，浑然一体。笔墨的浑厚枯涩、流畅严谨都恰到好处。

从他的作品中，我们可以看出胡永刚书法风格的走向。他的用笔厚重而稚拙，枯涩而凝滞，严谨而洒脱。小楷严谨，一丝不苟；隶书大气，雄浑厚实；行草飘逸，羽化而登仙。正草隶篆，心慕手追，皆融会贯通。

整幅看去，峻爽浑厚，但无丝毫笨拙；行云流水，但无飘浮之象；朴茂简真，但无矫揉造作。

无论是四尺满张，还是盈尺小品，无乖巧、无轻佻、无草率。行笔过程中他以娴熟精深、灵活老道的笔墨，无不展示"如锥划沙，如屋漏痕"的章法，营造出一幅幅令人叹为观止的书法作品。

古人说，书法作品能呈现出作者的心性、风格和价值取向。故，凡巧妙之术，中间必显不稳之处；若步步踏实，即小有差池，终不折肱伤足。字如其人，文如其人。千古同然也！

胡永刚在平时功课中，怀素的狂草、苏东坡的行书、王羲之的小楷、汉隶等等名帖，无不涉猎。他尽情地从古人的碑帖中吸取营养，慢工细活，横斟竖酌，撇捺拿捏，都一丝不苟，墨痕浓淡恰到好处，结构布局，皆得其妙。

欣赏他的行书，华而不俗，飘而不浮，美而不艳，很容易让人联想起那清纯、雅丽的美人来。又让人仿佛置身于高山松海，一切

2021年胡永刚在桐城老家

胡永刚作品

让人感到肃穆高古。"空山松子落",天气晚来秋,夜深风竹敲千韵,恐怕是禅意最高的境界了。

欣赏他的小楷,点横撇捺,中规中矩;横斟竖酌、落笔有神;法度有佳,造构得当。犹如英国绅士,穿着整洁,气宇轩昂,让人刮目相看。

欣赏他的草书,可谓是酣畅淋漓,如狂风掠过树枝,变化发于毫端;如芭蕾舞舞姿的单腿转,瞬息万变而不逾矩。潇洒放荡,随心所欲,龙飞凤舞,有高屋建瓴、悬河池海之意象。古人说怀素的书法是"援毫挚电,随手万变",胡永刚正锲而不舍地向此高峰攀登。

欣赏他的隶书,苍劲、老辣而不失古朴雄浑,形神具备,笔繁意畅。隶书相传是秦朝一个叫程邈的徒隶发明的。他关在狱中发现,当时狱官的幺牌用篆书写很麻烦,就化繁为简,化圆为方,创立了隶书。秦始皇看了后很欣赏,不仅赦了他的罪,还封他为御史。原本徒隶创立的字体,在秦始皇的首肯下,终于闪亮登场,其华丽的转身,成为可登庙堂的正书,延续至今而与华夏共存。

汉代《曹全碑》《张迁碑》等,都是书法星空中令人仰慕的耀眼的星座,至今仍然是书法爱好者临摹的佳帖。

可见书法艺术是中华文化的瑰宝,也是中华文化得以传承五千余年文明的载体。历史告诉我们文字消失了,文化也就消失了,于是国家也就不存在了。

以色列三千年后能够复国就是因为它的文化一直没有消失,而玛雅文化只有传说没有载体,所以只能是一个空壳。

"罗马不是一天建成的"是放之四海而皆准的至理名言,"字无百日功"同样是一种哲理。精美的书法是一种境界,一种大美,一种艺术。"我儿写尽三缸水,只有一点像羲之",这一典故告诉我,胡永刚如果不倾全身心之力投入,慢工细活,持之以恒,精益求精,他的书法不可能取得如此成绩。

胡永刚通过抒发自己内心的风韵情致,展示着娴雅生活的清净画面,将性灵风采浸润其间,使之才情与灵性随意溢出。在采访时胡永刚向我们展示了他在一块长40厘米宽17厘米的平瓷板上用毛笔书写的《兰亭集序》小楷,排列有序,一丝不苟,笔墨浓郁饱满,笔法娴熟,布局严谨,白底黑字,钤印醒目,让人惊艳。

一帧瓷板作品是一幅盈尺小品,却展现出大境界,那酣畅淋漓的笔墨语言告诉我,胡永刚对书法艺术的执着迷恋和追求,确实达到了一定的高度。他数十年如一日,默默无闻地潜心于砚田书海,尽兴地遨游,辛勤地耕耘,不懈地追求,大有字不惊人死不休的气概。正是这

胡永刚夫妇

种理念的支撑，胡永刚终于一步一步地登上了书法艺术的高峰，在安庆书法界声名鹊起。

我喜爱书法，虽有间架，皆无精意。面对胡永刚取得的成绩，岂能不汗颜！

一道前去陪同采访的著名画家陆平说："安庆书法家很多，有特色的胡永刚算一个。就像大家冯（仲华）老、胡（寄樵）老书法有特色一样。在中青年书法家当中胡永刚可以说是首屈一指。胡永刚书法的后期变化，都在书法的'法度'之中。因此堪称真正的'书家'"。

篆刻家董之忱认为："景德镇的瓷板书不如胡永刚的瓷板书，胡永刚的瓷板书在安庆，乃至安徽都是第一高手。"

可以说胡永刚的书法，在安庆可谓是一枝红杏，万众瞩目。他体会到帖上得来终觉浅，绝知此事要躬行。书法是他生活的一个主要内容，他每天坚持两小时的"功课"雷打不动。

在流逝的岁月里，千笔万画宣纸上，一枝红杏出墙来。因而他把书法作品演绎成一首首韵味无穷的宋词小令，奉献出明洁、淡雅、雄浑、隽永的艺术珍品。从而让人们感受到他那老辣、苍劲、流畅、浑厚、枯涩的笔墨呈现出空灵辽阔的境界。

胡永刚自弱冠之年开始浸润于砚田，焚膏继晷，二十余年乐此不疲。一年一变样，十年大变样。

从2000年以后，他多次入展中国书法家协会主办的大型展览，被省书协选为有潜力的百名书家之一。

2012年，他参加上海"国粹杯书展"。参加人员有来自全国各地的著名书法家，二等奖只有十人。他不但获二等奖，而且被邀请参加颁奖仪式。

同年，他又参加了河南安阳博物馆主办的"四堂杯"书展。2013年加入了中国书法家协会。

胡永刚不仅对书法有执着的追求，而且对绘画、文史、京剧、朗诵也有所涉猎。爱好的广泛，"姊妹艺术"的滋润，又反过来为书法艺术增添了更多更好的养分。

桐城是方苞、戴名世的故乡，胡永刚或许染上了桐城派的灵气，使他的书法达到了炉火纯青的境界。

胡永刚的书法达到如此高度，与他的爱人关晓惠家务事全包、大力支持是分不开的。多少年来，胡永刚把全身心都投入到书法艺术的海洋里。勤学苦练，持之以恒，重在基本功的陶练。因此，内底深厚，不露之中而才气贯注。可谓静水流深，闻喧享静矣！

2000年起，他先后在开发区"扶风堂"、华茂"扶风堂"开办了多期书法培训班，通过对年青一代的培养，他尽情抒写内心生活的风韵，揭示娴雅生活的淡泊滋味，为书法艺术的传承做出自己的贡献。

胡永刚学习书法的历程，就是他生命的轨迹。几十年的辛勤耕耘，墨痕在他的额头上刻下深深浅浅的皱纹。皱纹深的如沟壑纵横，

细的如游丝般细软。仿佛那墨汁从皱纹中不间断地流淌，最后形成了河流。在这条河流上，他逆水行舟，终于达到了理想的彼岸。

纵观书法演变的历史，让我们可以清晰地看到几千年来，我们这个国家无论朝代如何嬗变，而书法艺术代代相传，永葆美妙之青春。

文化是一个民族的灵魂，而文字则是它的细胞。

长年浸润在书法艺术的海洋，可以让人从趋炎附势的红尘中保持温良恭俭让、宁静致远的心态；从好高骛远、夸

夸其谈的氛围中解脱出来，沉潜、凝神、持之以恒地追求；从文字的演绎过程中感知中华民族悠久的历史和灿烂的文化。

回忆吾数十年来，相遇如君者，不知凡几，大凡皆萍水相逢，亦多不记忆。但每每与之忱兄闲坐，其总是谈起永刚书法造诣颇深，于是吾欣慕之情油然而生，如圣人思邦君之妻，愈思愈有味矣。若安庆之俊才皆能成为吾友，真真是不枉虚此一生矣。

品味胡永刚的翰墨生涯，是一种境界的透彻与淡定，这远胜于红尘中的争权夺利。我不羡慕有些人通过不正常手段谋取的顶戴花翎，和有些低俗之人拥有别墅香车美女，我羡慕像胡永刚这样通过辛勤和汗水获得令人倾慕的才华。那么就让我用一首诗来结束此文吧：

翰墨生涯三十载，
晃把砚池作瑶台。
他年捧得"四堂杯"，
醉卧兰亭"书圣"来。

2021年2月2日

顾乐生书房

医学风骨,文学才华
——记顾乐生

顾乐生,1968年毕业于蚌埠医学院,被分配到青阳县新河公社卫生院,1971年调青阳县医院,1979年调到安庆市第二人民医院。无论他在哪个岗位,都是抱着救死扶伤、治病救人、对医疗技术精益求精的态度。从1984年任院长到2003年退休,他在安庆和周边市县有一定的影响,口碑甚佳。

在20世纪六七十年代,在那贫穷而封闭的岁月里,人们的需求都很简单,能吃饱肚子就满

顾乐生的养父卞之琳先生

足了。尽管这样,人们对本职工作都有一种责任感、使命感,不敢有任何懈怠。可是顾乐生除了对工作的敬业,还比别人多了一份梦想——诗和远方。

顾乐生不但爱好读书,而且善于学习。1989年,电脑刚刚开始推广,安庆市主办第一期电脑培训班,他就积极报名参加培训。可

顾乐生在书房

以说他是安庆市第一批拥有电脑和使用电脑者。因此,他出版的几本书一百多万字,都是他自己在电脑上敲出来的。

他专注于本职工作,同时又酷爱文学。这与他从小失去父母,跟着爷爷奶奶长大,以及继父卞之琳的熏陶和高中时担任学生会宣传部部长、编墙报的经历有着很大的关系,这些因素都是他文学梦滋生的温床。

他是著名学者、教授、诗人卞之琳的养子,16年相濡以沫的亲情、身教胜于言教的熏陶是顾乐生在文学征途上勇于攀登的重要精神支柱和奋发向上的永恒动力。

写到这里,卞之琳那脍炙人口的《断章》似乎在我耳畔响起:

你站在桥上看风景,
看风景人在楼上看你;
明月装饰了你的窗子,

顾乐生在侍弄花卉

你装饰了别人的梦。

顾乐生告诉我，继父这短短的四句，竟然引起了半个多世纪的注意和争议。著名学者朱自清、朱光潜曾为这首诗怎么讲争论了两三年之久；李健吾、叶绍钧认为每一行都很好，但对整体意义又各执一词，连伯伯亲自向他们解释都不买账。真乃"作者以为然，读者不以为然"。

我以为，读诗要得"弦外音，味外味"，也就是说要在文字以外知道它的弦外音，在字里行间知道它的味外味，在其所用的词牌中知道它的意中意。

顾乐生在耳濡目染的氛围中，无形中接受一种文化艺术的营养，使他在文学的道路上一步一个脚印地向着无限风光在险峰的"风景"攀登。梅花香自苦寒来，于是一篇篇优美的游记、随笔出现在报端，然后编纂成书。

2001年，他的第一本散文集《海石花》问世，安庆市第二人民医院上上下下惊艳于他的医学风骨和文学才华。2003年退休后，他被聘请为市保健委主办的《养生与保健》季刊主编。

2013年,他又出版了散文集《舟行记》,透过20余万字,我看到了顾乐生老骥伏枥志在千里的雄心壮志,同时我坚信,他笔耕不辍,必将硕果累累。

果然不出所料,就在我写这篇文章时,他的第一本长篇小说《金刚结》问世了,我来不及看这本小说,只是感到拿在手中沉甸甸的,起码有30万字以上。

当医疗卫生事业成为往事,文学爱好成了他晚年的追求。每天看书写作成了必修课,顾乐生仿佛是饥饿的人扑在面包上,如饥似渴地学习。买书看书成了他生活中最大的乐趣,有一次他妻子叫他去买一双皮鞋,他却买了喜欢的书。还有一次在甘肃旅游,他看到一本《河西走廊》,图文并茂、内容很好,可是甘肃的朋友却提醒他:"你注没注意,这本书是当时的×领导主编的,书问世时×领导被判刑了,没有买头。"

可是顾乐生因为喜欢该书,毫不犹豫还是买了,体现了他实事求是的精神,这让我想起了美国作家贺姆斯的一句名言:"一本坏书,

顾乐生在电脑上写作

就像有漏洞的船,在智慧的大海中航行,总会有些智慧从漏洞中流进去的。"

而塞万提斯在《唐吉珂德》中说得更好:"任何一本坏书,都有点好处。"

其实读书也是这样,因人废言或因噎废食,都是不科学的。

因此,有条件他就去旅游,在旅游的途中读书,在读书中享受,在享受中感知天人合一的愉悦。他走进大西北、走进西藏、走进新疆……一点点深入这些地方的风土人情。他让视线在行走中开阔,让人生更加充实,让灵魂富有诗意。这是令顾乐生尤为欣慰的事。近十年来,他可谓行万里路,读万卷书。

顾乐生夫妇与卞之琳先生

人在途中,读汪曾祺的《人生漫笔》;走进西藏,读阿来的《尘埃落定》;小住西安,读陈忠实的《白鹿原》;夜深人静,读马尔克斯的《百年孤独》。去一处记一点,到一地写一篇,随心所欲,意到笔舒。像《舟行记》中的《天柱山的启迪》《汶川走笔》《牯牛降》;

顾乐生作品

像《海石花》中的《宁静的龙潭河》《枇杷岛》《九华佛茶》等篇。

旅游、读书、写作就这样改变着顾乐生的心性。

他认为,阅读是一种享受,能让人更充实,让生活更美好。他自然而然地养成了最适合自己的读书习惯:或精读,或浏览,或奉若经典,或案头翻阅。

在"夜深风竹敲千韵"的夜晚,顾乐生总要伏案到午夜,他窗口的灯光总是整个大楼最后一个熄灭的。

他说,晚上把家务杂事搞清后,坐在书桌前,一卷在手,既可以消除疲劳,又可以增长见识。培根说的"读史使人明志,读诗使人聪慧,数学使人周密,科学使人深刻,伦理使人庄重,逻辑修辞使人善辩;凡有所学,皆成性格"仍是支撑他今天学习的兴趣,这种兴趣的培养,网上快餐式的阅读是难以获得的。尤其是静夜阅读,汲取的营养也是"网读"所不能同日而语的,大有"书卷多情是故人,晨昏忧乐每相亲"的韵味。

2006年顾乐生搬到"西湖绿洲",整个小区绿化可人,幽径、亭榭、喷泉、假山,多层住宅楼全都掩映在樟树毛竹之中。走进顾乐生的书房，东边和南边的倚墙而立的形成90度夹角的书橱，里面摆满书籍，近万册藏书，其中有辞书、有小说，也有散文、诗歌，更多是古典名著和世界名著。书籍的前面摆放了不同时期、不同造型的工艺品，大多是他在各地旅游时购置的纪念品，可谓琳琅满目。

书桌与书橱是一个整体，不占书房的空间，使书房宽敞而优雅。北面的飘窗上摆放了一盆姹紫嫣红的太阳花，西边的墙壁摆放一独立的书柜，书柜的上方悬挂了一幅名人书法，镶嵌在镜框内。飘窗外是一片茂密的竹林，摇曳的毛竹竹竿青青，叶面郁郁葱葱，像刚刚被雨水洗涤过一般的清新亮丽，闪出令人惊艳的亮光，使人内心一片清明、平静、祥和。

这景观让人想起了"竹林七贤"和"流觞曲水"。顾乐生面对这一番空间，用年轻时追求文学的梦想，转化为读书的激情，努力把暮年那"秉烛之光"点得更亮、燃烧得更璀璨，把内心的天空扩展到远方，这是多么让人钦佩啊！

2021年9月12日

千寻万瓷话安庆
——记秦小坚

20世纪80年代,全国各地形成了收藏毛泽东像章的热潮,秦小坚怀着对毛主席无比崇敬的心情,虔诚地收藏了1 000多枚不同时期的毛主席像章。

对毛主席像章收藏的兴趣,还引发了他对古瓷器收藏的兴趣。加上秦小坚的父母对瓷器比较钟爱,秦小坚小时候家里陈设有一些

秦小坚在把玩瓷器

瓷器，秦小坚耳濡目染，因此他对瓷器的亲近感仿佛是与生俱来。

秦小坚真正接触瓷器收藏是在1999年去苏州出差，参观古玩商店后，对瓷器喜爱的神经被触动，一发而不可收拾。他被瓷器特有的魅力所深深吸引，心有所悟，情有所借，行有所动。

从少年时代就爱读书的他，感到收藏本身就是一种文化，它根植于中华五千年的文明发展史中，源远流长，博大精深。他从一个知之不多的门外汉，到收藏鉴赏者，收藏为他的业余生活平添了无穷的乐趣。

秦小坚（右）与胡永刚话说当年

十几年前，秦小坚到宿松县开会。晚饭后散步，无意之中他看到了路边有一家不起眼的古玩店，便好奇地走了进去。当他看到货架上许多带有各种款记的"古瓷"时，内心狂跳不已，就像阿里巴巴发现了宝藏一般。

"这些都是老东西吗？"他克制着内心的激动，故作镇定地问。

店主说："这些都是以前从乡下收上来的，全老。"

他随手拿起一件题款为"乾隆年制"的粉彩花卉碗问："这是乾隆时期的东西吧？"

"老兄真是好眼力,是老玩家吧?"

听了店主的夸奖,他心里美滋滋的。秦小坚一口气买下了20多件各种"古瓷",整整装了两个大纸箱,共花了4 800多元。

回到住处,他打开纸箱小心翼翼一件一件地拿出来在台灯下又仔细把玩了一遍,越看越高兴,兴奋得一夜没有睡好觉。

第二天回到家,为了慎重起见,他又先后请教了两位资深瓷器专家,他们一致断定无一真品。

秦小坚收藏的瓷器

残酷的现实让他的脑门、手心冒出冷汗,脑子一片空白,有坠入深渊之感。但他不沮丧,不后悔,不忿恨,他加紧了对瓷器知识的学习和研究。每每工作之余,他总是认真阅读瓷器收藏的书籍,开拓自己的视野,培养自己的情趣,利用信息网络查阅,对相关知识加以了解,使自己掌握的知识更加全面、系统,并且主动向水平高的同行学习、请教,从而达到解惑的目的。同时,在实践中不断摸索,把市场看作是自己最好的老师,在实践中学习,在学习中提高,在提高中丰富自己的鉴赏阅历和能力。

事隔两年后,有一次他接到这位店主的电话,说自己手上有六件古瓷，问他是否有兴趣。秦小坚对过去的不悦只字没提，而是让他拿过来看看。

店主送来后，秦小坚以1 200元买了其中一件26厘米全品沙底乾隆青花山水纹盘，这一次他胸有成竹，不需要再去向别人咨询。果然不假，现在其市场价已经达到近四万元。后来，他又陆续从该店主手上买了几件好东西。

"失败是成功之母"，这使他感悟到，大凡成功的收藏者都是经历过失败而成长起来的。

在瓷器的收藏过程中，他认为做到鉴赏力、果断、谦虚、执着四者的结合，乃是成功的四要素。

谈收藏一定要讲一个"缘"字，这是他多年来最大的感受。他有不少藏品是随"缘"而得。十多年的收藏过程，他真正理解了中国的一句俗语"踏破铁鞋无觅处，得来全不费工夫"的妙不可言。

在任何时候他都不去刻意追求，更不按图索骥。这样容易走进误区，甚至要付出更大的代价。好东西买不尽，况且工薪阶层经济条件也不容许。对任何器物不一定要"占有"，过眼即为拥有。

常言道，"识古不穷，贪古不富"，玩的就是好心态，一切收藏快乐随缘。如有缘遇到各方面都能达到一定艺术水准的作品，无论其名头大小，都应是捕捉的对象。只要在收藏中保持一种平和心态，机会一定会垂青那些热衷于收藏的人们。

收藏需要学识、需要阅历、需要鉴别、需要耐心，秦小坚的收藏是经过学习、实践和市场千锤百炼而达到如此高度的。

随着藏品的不断增加和收藏的知识越来越丰富，收藏的范围越来越宽，秦小坚对收藏投入的时间也越来越多。

2016年，他在迎江寺附近的古玩市场租了一间门面作为藏室。十几平方米的藏室，藏品琳琅满目，墙上挂满了名人字画，还有不同历史时期的精品瓷器、木质家具，让人尤为注目的是一个玻璃柜中摆满了安庆不同时期的瓷杯,安庆历史上各个单位烧字的盖杯几乎都可以在此寻得。

秦小坚认为,安庆是历史文化名城,他要把收藏瓷杯作为一个专题进行研究。

秦小坚告诉我他收藏的杯子中,最高的收购价格一个茶杯达一千元。我看着这一个个瓷杯,仿佛把人拉回到过去的岁月。

秦小坚收藏的瓷杯

通过几年的收藏,秦小坚发现,安庆市各单位发"纪念杯"的做法,在全省独树一帜,其他地市也有,但没有安庆这么广泛。国庆节、五一劳动节、建厂纪念日、开业典礼等,都发"纪念杯",以示纪念。这一特定历史时期的纪念品,随着改革开放和市场经济的形成,渐趋消失。

这些茶杯上的文字,充分展示了安庆历史文化名城的一个侧面。

今天,茶杯上落款的很多企业都不复存在,像东风袜厂、沙发厂、跃进化工厂、安庆市第二砖瓦厂等都已成为历史。但很多朋友在秦小坚的收藏室看到他收藏的茶具,感到非常亲切,一瞬间找回了自己当年工作单位的印象、感受和情趣。

由茶杯引发的往事，让人们侃侃而谈，大家沉浸在往日的意境里。

我注意到，秦小坚收藏最早的是1963年安庆市陶瓷厂制造的一套茶壶和一组茶杯，呈现出一种老旧色，仿佛是历经沧桑的老者在无言地叙说着当年的辉煌，让人们"睹物思厂"，感叹时间的流逝真的是白驹过隙啊！

20世纪50年代到80年代，几乎所有的单位都时兴在瓷杯上写本单位的名称，烧制后永久保存。甚至连职工退休、年轻人结婚都在瓷杯上烧字留念。这种做法，在文化底蕴深厚的安庆是一种时尚。我家里现在还有1984年玻璃厂团委、安庆市纪律检查委员会等单位送我的纪念杯。

这些，让我不由想起了当年在四牌楼口供销社下面的一个土产日杂的门市部，专卖草纸、鞭炮、饭碗、红糖、各种型号的沙钵子、烤火盆外，在临街的一张木桌子旁，多少年如一日地坐着一个比我要年轻得多的小伙子。他伏在柜台上用毛笔蘸着浓浓的墨汁，以他那漂亮的小楷，在瓷杯上写下不同单位的名称、购置的时间。

当时我非常钦佩他有一手好字，因为我已经写了多少年的《灵飞经》，就是没有他写得好。写书法的人都知道，能在光滑的纸和瓷器上将小楷写得如此好是非常不容易的。

有趣的是，我在后来采访安庆市著名书法家胡永钢时，胡永钢谈到了自己曾在四牌楼口土产日杂门市部的瓷杯上写小楷的这一段经历，这可真是无巧不成书。我与秦小坚谈到此事，他也感到特别有趣。于是就有了胡永钢在秦小坚收藏室"故友重逢"的话题。

2021年2月1日，我把胡永刚约到秦小坚的收藏室。当胡永刚看到柜中陈列的一个个茶杯有一半以上是自己写的，兴奋之余，有一种时空穿越感，仿佛自己又回到了当年。

可谓镌字茶具今犹在，不见青年胡永刚。胡永刚不由感叹，人生易老天难老,三十八年过去,弹指一挥间啊!

在秦小坚收藏的这些茶杯中,有很多单位已不存在了,唯有这些茶杯似乎在静静地叙说着当年的历史。尤其是一些原来单位的老同志,看到它感到格外亲切,都沉浸在回忆往事之中。

秦小坚和胡永刚告诉我,过去的瓷杯原料都是高岭土,不容易损裂。现在的瓷杯都是钙粉、骨粉做的,不是传统意义上的瓷器了。连广东佛山的瓷砖都不是用高岭土作原料的。也就是说自从2000年以后就不再用高岭土烧制瓷器了,所以,这些收藏的瓷杯是非常珍贵的。

在他的藏品中,我们欣赏到一封保存完好的民国初年的家书。这是当年宿松县一个大户人家贺济清从武汉写给老家的一封家书,在当下弥足珍贵。

还有一套民国时期出自太湖的《赵氏总谱》尤为珍贵,记载了赵氏家族的脉络。其中赵文楷的序跋,论述了赵家的渊源;以及民

民国时期的家书

国时期的太师椅、条台、紫檀木的方桌、木桶、梳妆盒等等。

2011年10月，秦小坚出版了自己第一本图文并茂的鉴赏与收藏专著，面对自己的作品，秦小坚有一种从未有过的欣喜和淡定。

回顾十几年的收藏历程，尽管占用了自己几乎百分之八十的业余时间和十几万元的投入，但收藏的乐趣、通达的心境、古典美与现代美的融合与传承，让秦小坚不以物喜，不以己悲，不知老之将至。

浮名终是累，有麝自来香。秦小坚的收藏已经达到了一定的境界，我热情期待着他的第二本、第三本，乃至更多的有关瓷器收藏方面的专著问世。

2020年12月12日

读书得趣,才情勃发
——记杨勤华

杨勤华在安庆文学圈子里属于后起之秀,尤其是近几年,知名度越来越高,这得益于他的自身努力。因为杨勤华的工作岗位在月山铜矿,远离安庆市区,工作基本上与安庆市联系不大,但文学为他打开了一片新天地。安庆市的文学青年知道安庆还有月山铜矿,大都是通过杨勤华知道的。

安庆是历史悠久的文化名城,有着庞大的作家队伍。杨勤华是这个队伍中既能写诗又能写散文,更擅长写短篇小说的年轻作家。当然,能取得这样的成绩并不是轻而易举的。毫不夸张地说,古人读书的三种境界,在杨勤华身上都能体现。这三种境界和体验在网上快餐式的阅读中是难以获得的。

杨勤华小时候,家里有一些竹纸书,父亲视其为宝贝。晚上,杨勤华见父亲捧着一本这样的书看到深夜,耳濡目染,使他对书产生了

杨勤华在北京天坛公园

杨勤华在书房

浓厚的兴趣,可是那书上写的都是繁体字,他几乎认不出几个字来。但是,父亲读书的痴迷和读书时的样子给杨勤华留下了难以忘怀的印象。

在潜移默化中他也默默地爱上了读书。

那个时候,奶奶每天都会给他一毛钱,一毛钱对于那个年代的孩子来说是一个不小的数字了。他将钱积攒起来,只要镇上的新华书店来了新的连环画和儿童书籍,他就会买下来。几乎每天上学和放学,在经过新华书店时,他都会进去看一看,问一问是否到了新书。

在新华书店工作的是邻居家的一位大姐姐,她知道杨勤华爱看书,只要到了新书,就会叫他回家取钱买书,选好书后,待取了钱来好将书买去。有一次,一本新书被别的孩子抢先买去了,杨勤华为之沮丧了不少天。

记得上小学三年级时,他的邻居搬家,将许多东西存放在他家里,有一摞书籍,其中许多书在那个年代都是禁书。邻居打算带走,见杨勤华喜欢看书,便让他自己选了《十五小豪杰》,虽然全是繁体字,但杨勤华借助老版本的《新华字典》硬是全部读完了。由此,他对外面的世界充满了向往,也对书籍产生了更大的兴趣。

杨勤华居住的那个小镇是一个有着悠久历史的古镇,许多人家都藏有书籍,只是在特殊年代,多数书籍都被销毁了,那个时候,他几乎将能借到的书都读了。第一次从父亲朋友的女儿那里看到《格林童话选》时,杨勤华的眼睛都直了,可是人家也是借来的,他软磨硬缠并用另一本书交换才将书借到手,女孩要求当晚必须归还她。借回家后他便手不释卷,终于赶在晚饭时将书全部看完。

1978年夏天,杨勤华去上海舅爷爷家里,在那里度过了一个夏天,他将小姨从图书馆借回来的《鲁滨孙漂流记》和其他两本书看完,返回老家前,舅爷爷和舅奶奶问他要什么,他说要书,于是小姨父陪着他去买了全套的连环画《铁道游击队》《林海雪原》及其他书籍。杨勤华的舅爷爷和舅奶奶赞许他从小就爱读书,希望他始终保持下去。舅爷爷和舅奶奶都是老革命,尤其舅奶奶还是革命队伍里的大学生,对杨勤华爱看书更是关爱有加。

杨勤华在图书馆借阅书籍

在那个年代,私人订阅杂志是很少见的,由于舅奶奶和父亲对杨勤华的关爱,每年不但给他订阅《少年文艺》《儿童文学》,因为他喜欢上武术,还给他订阅了《武林》杂志等。

上初中二年级时杨勤华转到距家十多里的另外一所中学读书,与他一同去的还有另外五六个一起长大的伙伴。其中一位好友家里条件好,也非常爱读书,经常去区所在地的区镇买书,总是买上五六本。为了能看到这些书,杨勤华有时陪他一起走上六七里路去区、镇新华书店买书,并且自己也买上一两本回来同他交换。那些年杨勤华几乎每年都读至少十多本书,国内的著名作家作品读了不少,国外作家高尔基、契诃夫、托尔斯泰、巴尔扎克、果戈理、马克·吐温、歌德、雨果、狄更斯、泰戈尔等的作品也都看过。那个时候,杨勤华对读书有着一种非常强烈的迷恋。

这让我想起了20世纪80年代初,那可真是一个"风声雨声读书

杨勤华在合肥参加"奋斗的脚步"微视频和摄影颁奖大赛

声声声入耳"的全民阅读的好时代，举国上下都浸润在"书卷多情是故人，晨昏忧乐美相亲"的氛围中。

杨勤华正是在这种氛围的熏陶下，读了能够买得到和借得到的许多中外文学名著和一些有关文学的书籍。他几乎每周都往新华书店跑，书看得多了，也就渐渐萌发出想写一点比作文更高档的东西的念头。

在几乎没有任何老师指导的情况下，他开始了自己的创作。说来好笑：在某一段时间看小说，便学着写小说；在某一段时间看童话故事，便学着写童话故事；甚至还写过寓言等。对于散文、杂文一类，他接触很少，除了鲁迅的书看得多一点，就是课本上的丁玲、杨朔、杨沫、孙犁等的散文。他最喜欢的还是鲁迅的《从百草园到三味书屋》《闰土》《孔乙己》等，觉得很有情趣，也曾模仿着鲁迅的语言风格写过几篇现在已经记不得了的文字。

读初中时，想到家乡的那个小镇很有些历史，文化方面也有一些底蕴，但是没有听说出过文学方面的名家。当时，他与一班志同道合的年轻朋友就忽发奇想：将来我们要当作家，给小镇长一长脸。

其实，与其说是给小镇长脸，还不如说是自己的一种追求和喜好。为此，他们成立了一个文学社，大家定期交费，并油印一本取名为《常青藤》的刊物。他的朋友蒋文斌是主编，他们就像一群孩子第一次走出小镇，看到了城市的美好风光，一路狂奔，《常青藤》在他们眼中永远是这个城市一道靓丽的风光。

他们坚持出版了两三年，成果颇丰。如今，依然还有小镇上的朋友收藏有《常青藤》，并把当年发表的文章在微信群里发出来。

现在看来当年的文章尽管很稚嫩，但却引来大家许多感慨。《常青藤》确实给了杨勤华文学创作的动力，他的第一篇小说《心的回旋》就是一家地方报纸在《常青藤》上选用的。那是1987年，杨勤华刚到部队服役才一年，样刊和稿费寄到部队后，那种激动是无法言喻的。

在此前,杨勤华也曾给一些报刊投过稿,都是泥牛入海。倒是有一次,杨勤华接连给当时最火的《武林》杂志投稿,写的都是一些有关练习武功的小故事,也许是他的执着打动了编辑老师,终于在一个不起眼的地方,刊登一篇很短的豆腐块文章。这让杨勤华激动了好多天。

在部队的读书时间很充足,杨勤华几乎将所有津贴除了买生活必需品外都买了书和杂志,复员时,还带回整整两大箱书籍和杂志。

工作后,看书依然是杨勤华最大的爱好。冯友兰说:"会读书的人把死书读活,不会读书的人把活书读死。"阅读给杨勤华以深深的启迪,渐渐地,写作也成为了他的一项越来越喜欢的爱好。对于写作,他不仅限于文学方面,还写单位的新闻稿件,后来又开始写材料、论文等。

阅读是写作的基础,读得越多,写作的欲望就越大。杨勤华从20世纪90年代开始写新闻稿件,这么多年在省市乃至国家级报刊上发表各类新闻稿件1 000多篇,获得的各类奖项不胜枚举,他还是《铜陵日报》《铜陵有色报》《安徽工人日报》《中国矿业报》《中国有色金属报》《中国安全生产报》《中国应急管理报》《中国有色金属》杂志等报刊的特约通讯员和特约记者。

他还数次撰写单位宣传片的解说词、文艺汇演的剧本,并领衔撰写脱贫攻坚微视频剧本及解说词,和拍摄同类题材的摄影作品,双双获得安徽省委省政府举办的"奋斗的脚步"脱贫攻坚微视频、摄影作品二等奖。

因为热爱写作,杨勤华在单位先后担任过专职宣传干事、秘书及办公室负责人等,在从事办公室工作期间,先后起草和撰写各类公文材料600余篇,在担任办公室负责人后,单位的重要公文仍然由他起草和把关。2023年后,在他一再要求下,逐渐减少了公文的起

杨勤华在乡村采访

草和把关工作。

这些年,他还撰写了50余篇行政管理、党建方面的论文,并有数篇获奖。

其实,文学稿件、新闻稿件、材料乃至论文是四种互不相关的文体,但是,在别人看来,你热爱文字,这些就都必然会写。好在杨勤华确实热爱文字,也愿意下苦功去钻研,逐渐地各方面都能够驾轻就熟。文学稿件经常在一些报刊发表,新闻稿件更是四处开花,写材料成为工作中的主要内容之一。

有一段时间,杨勤华对写小说有一些痴迷,写着写着就发现自己的文学底蕴不够,于是又继续看书,继续观察和思考。他经常问自己是不是适合写作,有很长一段时间他甚至对自己失去了信心。

直到有一次与一位著名文学刊物的主编在一起参加一个文学活动时,杨勤华请他看了自己写的两篇小说,这位主编看后认为:"写得不错,就按照你自己的语言风格和对小说的理解写下去。"

这位主编的话让杨勤华又找回了自信。经过几年的潜心阅读，他一发而不可收拾，先后创作了长篇小说《不男人》《爱，在春天》《其实我不想走》等，中篇小说《霉果斑斓》《父亲是英雄》《三久的爱情》《搓澡》《枪响金鸡山》等，以及30余篇短篇小说。曾经在杂志、专刊、网上发表近30万字的散文、小说，其中中篇小说15万字。另外还创作了多篇故事，先后在《故事会》两次获奖。这几年，还深入到脱贫攻坚和美丽乡村建设及企业发展一线，创作了20篇报告文学作品和诗歌作品120余首。他还将2014年至2020年以来的部分散文作品收集整理，出版了散文集《花香如故》。

2016年11月，杨勤华成为安庆市第六届作协副秘书长、秘书长，同时兼任安庆作协公众号的"散文天地"和"新人新作"栏目的编辑。身上的担子重了，但读书写作的兴趣更浓了。除了做好月山铜矿办公室主任的本职工作，杨勤华几乎所有的业余时间都投入到看书、写作、编辑中去。

2023年5月，杨勤华在安庆市第七届作协换届中，当选为作协副主席，同时兼任秘书长。他告诉我："担任作协副主席后，我只有读更多的书，写更多的文学作品，做更多的事，才能对得起大家对我的信任和希望。"

杨勤华的书房是在所购房屋的顶层自己搭建的小阁楼，面积不大，但书卷气却浓郁。无论春夏秋冬，在书房里的时间都是他最美好的享受。几千本藏书，都留下了他触摸的痕迹。

正如冯骥才说的："一本古旧的书拿在手里，它给我的感受便是另一番滋味。不尽它的内容，它的一切一切，都与今天相去遥远，那封面的风格，内页的版式，印刷的字体，都带着那个时代独特的气息与永难恢复的风韵，并从磨损变黄的纸页中生动地散发出来。也许这书没有多少耐读的内涵，也没有多少经久不散的思想价值。它在手中更像一件器物，它的文化价值反成为第一位的了。这文化的意味无法读出来,只要看看、摸摸,就能感受到。"

杨勤华正是在这"看看、摸摸"的过程中,感受到中国文化的厚重,从而更加增添了他对文化的敬畏和敬重。这也许是每一位读书人的共同感受吧!

2023年6月15日

石楠书房

文墨丹青，诗意人生
——记石楠

全国著名雕塑家纪峰为石楠创作的雕像

石楠（以下称"先生"）1938年出生于太湖县李杜乡笔架山一个贫穷的山村。

太湖县是个人杰地灵的地方，而李杜乡则是因为当年李白和杜甫曾经在此逗留而得名。

或许是先生沾了李杜的仙气，而得以著作等身，文名大噪。

我读先生的《张玉良》是在20世纪80年代末，拜读之余，为其笔下有灵气、情节有真情、文字有神韵而叹佩。其落笔吐语，如绝黄河之水；感情细腻，如春蚕吐丝之绵。布意缜密，寄兴婉丽，奇思迭出，妙语天来。跌宕起伏，如山涧落泉之惊险。一部足以打动读者的《画魂：张玉良传》，了无断续痕迹，一气呵成，真妙手也。妙笔生花的是，

文墨丹青，诗意人生 | 183

石楠在作画

石楠在电脑前创作

石楠在自家书房查阅资料

小说的很多细节的缝隙中，凸显了它的精彩之处，至今有时还会无名地冒出来占据我的心灵。

记往忆旧，真正与先生接触是我在太湖县工作时，有机会与先生近距离交流。

每每与先生交往总是真情流露，谈到《画魂：张玉良传》，先生是那样的投入、兴奋。又常常倾自己最深的情感于其中，凸显了对自己童年苦难的回忆和对张玉良悲惨童年的共鸣。

先生写《画魂：张玉良传》时，在图书馆工作，早上7:30上班，上班时人不能离岗，连上卫生间都要请人代替值班。中午11:30下班，从下班回家到下午上班这段时间烧菜做饭，忙得不亦乐乎。晚上回家后，等处理好家务已经是20点了。

生活的重负，没有让先生止步不前，她深知"纸上得来终觉浅，绝知此事要躬行"。对文学的爱好和追求，促使她多少年如一日，每晚从20点到23点笔耕不辍。尤其是天寒地冻的日子，没有空调，也

石楠与先生程必（摄于采访时）

没有火盆，别人已经睡了一觉醒来，她还在字里行间琢磨、推敲、谋划。她经常写到情深处，忘记了周边的一切，也忘记了寒冷，忘记了生活中所有的不悦。

终于，功夫不负有心人，一部让很多读者爱不释手的《画魂：张玉良传》问世了，可谓"三年不鸣，一鸣惊人"。

很快，《画魂：张玉良传》被拍成30集电视连续剧《画魂》。在2018年全国传记文学的排行榜中，先生的《画魂：张玉良传》名列第一，并且印刷17版。

先生的《画魂：张玉良传》在当时的社会背景下，犹如一石激起千层浪，激励着许许多多社会底层的女性，与命运抗争，与沉沦决绝，与失望告别。她励精图治，艰苦卓绝，走出了一条希望之路。这样的事例，在安庆人的茶余饭后成为美谈。

面对《画魂：张玉良传》如此成功，石楠的创作激情犹如星火

中年时期的石楠

石楠先生绘画作品

石楠展示作品

燎原之势,短短的几年内,又连续创作《舒绣文》等十几本传记小说,当之无愧成为当今传记文学的领军人物。

读先生的小说让人手不释卷,而读先生的散文则是一种美的享受。每一篇散文,均是一幅小景,缓缓打开,目随景趋,景趋而趣生。静观细赏,简笔淡写,该有者有,该略者略,雅兴夷犹于此,情感暗动于中。一花一草、一堂一楣、一石一泉,皆可熠熠生辉。

先生笔下生花,绝不是无本之源。

走进先生的书房,图书典籍,储藏颇丰。两壁书橱摆满了先生常读的书籍。书桌和电脑桌上放着一叠叠的稿纸。书案上铺了一张毯子,上面有一幅尚未画好的"荷花"。除了书房的书,先生还有一个书库,我们推开门走进去,犹如置身于书的海洋,让人惊羡!

在与先生的交谈中,我们了解到,先生当年的求学道路是十分艰难的。童年时由于家境贫寒,没有条件读书。直到16岁,在乡里老师的动员下,母亲才同意石楠读书。学费是老师和母亲想方设法

石楠与毕家祯,摄于2019年夏

解决的。先生在乡里只读了一年半的小学。全县统考时,先生以全县第二名的成绩进了太湖中学,然后靠学校每月3元的助学金读完了初中。

1958年先生初中毕业后,在安庆当学徒,在集体所有制的小厂一干就是20多年。每月12元的生活补助费,还要省下5元钱接济家里。那时先生5分钱的腌萝卜当菜吃一个星期是常事。

就在这样的环境中,上函授大学、夜大学之余,图书馆是她最爱去的地方。在这一段激情燃烧的岁月里,先生像饥饿的人扑在面包上一样,如饥似渴地阅读了大量的书籍,尤其是古今中外的名著,同时写下大量的读书笔记。这种"苦行僧"式的求知生活,为她后来的写作奠定了良好的基础。

先生生活的旅途充满了艰辛坎坷,但追求的步伐从未停过。她把贫穷当作财富,视苦难为动力,通过读书汲取了大量的营养,经

毕家祯采访石楠

历了凤凰涅槃，经历了厚积薄发，经历了柳暗花明，然后如火山喷发，一发而不可收。她中年著书，著作等身；老年作画，笔下生花；晚年安康，颐养天年。

近年来，先生因为眼疾晚上很少看书。过去，得益于在图书馆工作，得天独厚的条件使先生每天看书达十小时以上。正是因为长时间的看书，导致视力下降。尽管这样，先生以八十岁的高龄，经常应一些报刊之邀，写写散文、随笔。

在日常生活中，先生还要细心照顾相濡以沫的爱人。多年来，先生的爱人患多种疾病，生活不能自理，从吃药，到喝水、吃饭，全靠她精心伺候。

退休后20多年，为了支持子女的工作，先生很少让子女围绕父母转，而自己每天围绕着爱人的生活倾注了大量的时间精力。随着先生在省内外的知名度越来越大，受邀讲座的频率越来越高。为了不让主办单位失望，每出席一次讲座，先生要准备好几天，把爱人要吃的药、要吃的菜、要穿的衣准备好。在外地讲座期间，先生每天还打电话询问家中的情况。

　　日常生活中，除了写作、绘画、会友，每天下午与老伴散步基本上是雷打不动。她绘画以花卉为主，尤喜画荷花。她的书房一年四季都是花卉盛开，姹紫嫣红，让人置身于春意盎然的氛围中。十几年来先生画了几千幅画，主办过个人画展，深得好评。

　　坐在我对面沙发上、身披大红披肩的先生精神矍铄，谈吐自如，思路清晰，笑容可掬，没有一点点架子，她的身后是一尊全国著名雕塑家纪峰为她创作的雕像。这尊雕塑栩栩如生地刻画了先生的大家风范，让人感到可亲、可敬。

　　近年来，许多报刊和网络媒体介绍、评论、转载先生的书籍、文章层出不穷。面对取得的成就，先生就像一颗饱满的稻穗，谦虚谨慎低调做人的同时，对广大的文学爱好者关爱有加，有些"粉丝"在她影响和厚爱下走上了文学创作的道路。

　　先生的诗意人生告诉我们，生活的悲剧不在于吃过多少苦，而在于"理想的宫殿"尚未竣工就坍塌。而先生让我们肃然起敬的是，她建造的"文学的宫殿"，不但巍然屹立在我们生活的空间，而且我坚信在她的身后依然熠熠生辉。

2020 年 5 月 16 日

三世所雜陳

前排右起：毕玉娟、毕家祯、曹新吾、石楠、冯仲华、沈天鸿

后排右起：张庆、张健初、秦小坚、刘伟、江飞、马德龙、刘晓平、何祯祥

一

己亥年孟春，著名书法家冯仲华、著名传记文学作家石楠、著名诗人沈天鸿、著名民瓷收藏家曹新吾等十余位安庆文化名人，于三心斋雅聚。

读者若问，何谓三心斋？曰：鄙人因著有《心灵的痕迹》《心灵的韵律》《心灵的感悟》三本书，故取书房名为"三心斋"。

2019年4月21日星期日的上午，是多云间雨的天气，雨后的清新凉爽让人感到心旷神怡。

本安排九点开始接各位文友，谁知八点刚过我的手机就响了："毕老师，客人马上就要到，我的车目前行驶在宜城路上，几位老师都想早点见面，因此我提前接了。"

听到朋友的电话，我让他开慢一点，迎宾小姐还未到岗。我一边打手机通知侄女尽快到岗，迎接嘉宾；一边与懒悟艺术馆的张庆馆长联系，我们马上从两地出发，在冯老家会合。

15分钟后，我和张庆的小车几乎同时到达冯老家。

冯老春风满面地随我们下了楼。

冯老上车后，我们两部小车向石楠老师家驶去。

快到小区，我打手机告诉石楠老师车马上就要到了，手机里传来了石楠老师高兴的话音："我马上下楼。"

小车在石楠老师家的单元门前刚刚停好，天空就下起了雨，我赶紧撑起雨伞在单元的门口等候。石楠老师上车后，小车向沿江中路驶去。

等到两部小车同时到达胡玉美商城小区时，雨停了。

车刚刚停稳，迎宾小姐披着"三心斋雅聚"的红缎带，帮助把

冯仲华与石楠

车门打开。我们一行六七人在摄像机的镜头中走进了"三心斋"。

二

当冯老和石楠老师走进室内时,先前到达的嘉宾纷纷走过来,有的与冯老握手寒暄,有的喊"冯老好""石楠老师好。"

两位先生笑呵呵地与大家握手,在他们对视的过程中,眼睛都闪烁着愉悦的目光。

我站在门口,就可以听到萦绕耳畔的"广东音乐",散发着让人怡悦的温馨。只见妻子在倒茶、递烟,把水果送到客人手中,忙得不亦乐乎。好在各项准备工作都事先准备就绪,因此,一切都在有条不紊中进行。

雨后澄澈的阳光,让客厅满室生春。素心良友,皆有喜色,感到房屋结构好,客厅宽敞,采光好,布置高雅,使景与人合,人与

右起：刘晓平、江飞、马德龙、沈天鸿、刘伟

境融。

　　三心斋书房的北面和西面是两壁书橱，一张祖传的旧式书案和一张高背藤椅放在书房的中间，书案玻璃板的台面下是主人父辈的旧照。台面上有笔架、笔洗、歙砚、时钟和工艺品。

　　书房东面的墙上悬挂着四幅瓷板山水条屏。条屏的画面有小桥流水、山峦叠嶂、悬崖亭榭、花疏月淡。画中人物或亭中读书、或茅屋抚琴、或竹窗秋话、或幽径赋诗、或舟中眺望，渲染着古代樵夫、文人骚客、渔夫亲近山水、热爱自然的情趣。

　　客厅里大家在轻松的氛围中尽兴地品茶、抽烟、吃水果，谈论书画，颇有风情。

　　冯老和石楠老师坐在正中的三人沙发上，单人沙发、藤椅、观景台的圆桌和饭厅的圆桌全都坐满了来宾。

　　两位德艺双馨的老前辈成了谈话的中心和镜头前的主角。冯老一边悠闲自在地吸着烟，一边和篆刻家董之忱和书籍装帧设计师马德龙等人倾心交谈，眼神充满着慈祥。

右起:秦小坚、冯仲华、马德龙、董之忱

石楠与秦小坚

沈天鸿与刘伟

秦小坚既是收藏家，又是长期跟踪冯老所有活动的粉丝。他第一次见到石楠老师也感到分外亲切，有说不完的话。石楠老师则像一个老祖母，满脸的慈祥，笑容可掬。追叙旧闻，妙语连珠；精神抖擞，长谈不倦。

全国著名瓷器收藏家曹新吾名声在外，退休后，于尘嚣之外，以文章、瓷器为消遣，骨坚而韵雅，神清而气爽。眉宇间蕴藉着中国几千年来读书人的风采和气质。他坐在饭厅的椭圆桌前，和文史学家张健初以及懒悟艺术馆馆长张庆品茶、吃水果，他们滔滔不绝，谈得更多的是文史和收藏方面的话题。

这个时候，赴宿松县参加宿松县评论家协会成立大会的沈天鸿、刘伟、江飞三位文友风尘仆仆地走进客厅。

一进门刘伟就说："宿松文联一再挽留我们，但沈老师为了三心斋雅聚，带我们起早赶了回来。"我被他的话所感动。人之相识，贵在相知；人之相知，贵在知心。

右起：曹新吾、张健初、张庆

我记起德国的梅耶·罗斯柴尔德说过："你是谁不重要，重要的是谁跟你在一起。"我突然觉得中华文化太博大精深了，"物以类聚，人以群分"说得多好。三心斋雅聚正是中华文化在民间流动的体现，没有铺天盖地的广告，没有金钱美女的诱惑，一个人是一个世界，各有各的内在的文化涵养。但大家走到一起来了，这就是文化的魅力！

落座以后，三位文友因与冯老有一段时间未见面，他们之间谈话的氛围格外亲切和谐。冯老夹着香烟，不时发出爽朗的笑声。

大家或放谈时政、针砭时弊；或评点人生，心源相接；或谈诗论文、礼赞山川风物；或妙语解颐、甚为相得。大有鲁迅的泼辣、谢冰心的典雅、徐悲鸿的精深、徐志摩的清丽、朱自清的温醇……隽思妙语、口若悬河；寸长尺短、各有千秋。在不经意之间，为平静的生活增添了诗情画意。

右起:冯仲华、秦小坚、石楠、毕家祯、江飞

右起:江飞、冯仲华、石楠

冯仲华与石楠

三

三心斋雅聚,不是脱离凡尘,而是在一派闲适的氛围中把你的才华、激情、感悟调动起来,让你在雅聚的过程中展示自己的才华的同时,得到乐趣和启迪,从而提升自己的文化艺术的潜质。客厅的气氛非常融洽,大家娓娓千言,谈笑风生,一个多小时一晃就过去了。

当冯老和石楠老师等准备现场挥毫时,文友们一下子涌进了"三心斋"书房,观看两位德艺双馨的老师挥毫泼墨。

摄影师、摄像师以及文友们的手机镜头对准了伏案的冯老、石楠老师以及董之忱。

尤为值得一提的是，石楠老师画好荷花后，请冯老题诗，又引起了大家的热切关注。

冯老从自己随身携带的"笔帘"中拿出常用的几支毛笔，边选笔，边谈话。运笔濡墨后，平心静气，只见冯老不受大家期待的目光和摄影、摄像的影响，沉思片刻，先在纸上打了个草稿："题石楠女士画荷"。

冯老反复斟酌了一会儿，在信笺上写道："冉冉凌波玉立姿，田田靥面照清池。宜城何处最相得，六月荷香醉梦时。"

他那智慧的目光和满意的笑容，展示了他那深厚的文化积淀，有综合文化艺术的修养和造诣，有超然物外的独立精神，也有绝尘脱俗的人格魅力，确实是学富五车，才韵气足，令人叹佩。

在大家的掌声和赞誉声中，冯老提起了毛笔，在砚池中濡墨、润笔，然后淡定地在石楠老师的作品上，留下了自己的墨宝。

我看着冯老兴致勃勃，谈笑风生，神韵极佳，等他吸了一根烟以后，我请冯老为三心斋写下"有容乃大，无欲则刚"的条幅。

我直观冯老挥毫已有数十次之多，每每观赏，都出神入化。我曾经在自己的第二本散文集《心灵的韵律》"借墨结缘"一文中叙说了我对冯老书法艺术的感受。在此，我想借用苏轼评价吴道子作画的诗句来表达我此时的感受："道子实雄放，浩如海波翻。当其下手风雨快，笔所未到气已吞。"

冯老写的题诗和书法告诉我们，古往今来大书法家无一不是大学问家，冯老书法作品被国家文字博物馆收藏，足以说明其书法艺术达到了炉火纯青的地步，不愧是林散之的弟子。

按照事前的安排，篆刻家董之忱也写下了"文墨有真趣，书斋无俗情"的篆书。董之忱是自学成才，多少年来他搜碑寻石，赏鼎识器，日复一日，年复一年，默默耕耘在书法艺术的田野里。尤其是篆刻，

右起：毕家祯、冯仲华、刘晓平

董之忱

他更是成绩斐然。面对他的作品,大家竞相品味,赞誉不止。

三心斋雅聚,有广东音乐、邓丽君歌曲以萦耳,有水果佳茗以爽口,有文人雅士以放怀,有书画图书以怡目。氤氲成一种高雅的意境,你会在大家的脸上看到兴奋、惬意、满足的笑意。给人一种在文化艺术氛围中浸润后的散淡、平静、祥和的瑞气,恰如远离闹市区的喧嚣、置身于森林野趣盎然的世界里。

右起:秦小坚、张庆、毕家祯、张健初、董之忱

文人骚客都是凡夫俗子,过着平常人的生活,不同的是都不约而同地选择了一种高雅的载体来充实自己平实的生活,朝着向"精神高地"跋涉、攀登的目标而锲而不舍地努力。大家似乎只有一个共同的心愿,把世俗的日子过得更精彩、更有品位、更令人向往。

四

在这近三个小时内,三心斋的人气、文气达到了最高潮。曹新吾、秦小坚将自己带来的作品一一摊开，三心斋一下子成了"书展"。

张庆一边把自己带的书放在桌上，一边向我建议，要把三心斋打造成一个品牌，与"懒悟艺术馆"南北呼应，每隔两年举行一次雅聚。我非常感谢他的赞誉和建议，趁着大家雅兴未减，我邀请作家互相交换了自己的作品。一本本散发着墨香的书籍，成为大家彼此加深了解、互相交往的桥梁和互相学习的动力。

张庆与毕家祯交换作品

一瞬间，翻书的"哗哗"声在客厅响起，清脆入耳，就像石片投入静寂的湖面形成的涟漪令人心醉而神往。又仿佛是作家们用自己的智慧汇集出一条清澈的溪流缓缓流进了中华文化巨大的洪流中，只有澎湃的洪流才不会让溪流干涸。

一阵阵翻书声携带着一缕缕油墨香飘来，我心里有一根弦被温柔地拨弄着，我闭目调息，任这朦胧与墨香温柔着我的思绪——中

冯仲华在翻阅曹新吾的作品

右起:代伟、冯仲华、何祯辉

华民族五千年文明历史中，周虽亡，但周创造的礼乐文明却绵延了几千年；楚虽亡，但楚国所创造的楚文化却源远流长。几千年来，这厚重的历史文化遗产延伸到生活中的各个层面，才得以传承、弘扬、光大。

三心斋雅聚是搭建文人相亲的平台，以文学的使命传播文化的内涵，以翰墨文章、书法绘画展示读书人的风采，在现实生活中，"以文会友，以友辅仁，坚守初心，砥砺前行"，扮演着一个文化人应该具有的微不足道的小角色，纯属儒士心性，文人情怀。

三心斋雅聚，可谓是不晓文墨而有诗意，不解丹青而有画意，不出市廛而有山林意。雅兴夷犹于此，欢愉暗动于中。他们把根扎在深厚肥沃的国学土壤中，将厚重的历史文化，演绎成自己的真知灼见。大千世界，万物自观而各有其趣；世间百态，冷眼相看而超凡脱俗；其风流文采，真的是八仙过海各显神通，展示着文人骚客对闲暇生活的享受，对雅聚的惬意、对美好情趣的追求，大家兴趣盎然，如对醇醪，不饮自醉。

三心斋雅聚熏染了历代相传、盛行不衰的风雅传统，展示了文人雅士的学识素养，演绎了文友之间君子之交淡如水的默契、谦和和矜持，是当代安庆文化史上一次妙举。于往古高士、于安庆风流，欣然所合。世上事、人间情、文人趣，莫不是琴棋书画、歌舞竞技凸显心性的高雅。其"豁达光明"之识，"恬淡冲融"之趣皆有。

"三心斋雅聚"的前几天，以著名版画家陆平、著名散文家史良高、著名女画家钱玲萍等为代表的在外地文友，或设言托意，艳羡其聚；或作画祝贺，以补缺憾；或建议制作光盘、抖音视频，让更多的文友分享。可见，生活中大家对文人雅聚的美好时光是何等的向往。三心斋雅聚，为参与者提供了一次靠自己的风貌和特长来展示自己魅力的机会。

三心斋雅聚，往来无白丁，谈笑有鸿儒。文友如约而至，不负斋主愚陋之情，义盛情深。风雅异韵，别样风流。在浮躁、平庸、浅显的生活中，显现出一种清雅、闲逸、超然的精神风采。这也是安庆几代文人骚客文采积淀的展示，可谓是梁园金谷，高朋满座，英豪之气，蓬荜生辉。让大家相忘于江湖，在渐趋冷落的文苑里享受到了浓郁的文化艺术氛围。

所以，三心斋雅聚，得神者为上，得趣者次之，得态得情者又次之。若更有甚者，以为聊以自娱而已，则更为下也。因为人各有属于自我的性情，从而有自己处世的方法。你的聪明才智我不具备，我的笨鸟先飞你做不到。身处的位置不一样，看问题的角度不一样，处世的哲学也就不一样。百川归大海，殊途同归，各有其妙。但只要文人虚怀若谷，以诚相待，岂不是文人相亲吗？

风从江面吹来，穿过客厅，仿佛是要把三心斋雅聚的故事带到远方。海关钟楼响起的正午的钟声好像也在助兴，"当、当、当"的声音声声入耳，大家依然谈兴未减，没有一人有起身离开的意思。此时此刻的时空里，所有的低俗、虚伪、狡诈都退场了，大家尽情地享受着甘甜如饴的文化艺术的精神大餐，恰如美酒饮到微醉后，好花看及半开时，正是人生最好的韶光。这种美，当然是大家心智花开，对雅聚的深悟和思索而产生的灵感，感到快慰——三心斋雅聚会穿越时光隧道，告诉后人，我们曾经经历过、拥有过、享受过文人雅聚的美好时光。浓郁的文化艺术氛围，让每个人的潜质悠然而发，恰如春天的草丛，自然而然地散发着清新的草木气息，让人心旷神怡。

过了一会儿，我看冯老又点起一根香烟，遂知其意。这种不需要语言的暗示告诉我，人间岂有不散的聚会。聚散去留，何人不是客？但有其雅聚，何有遗憾？许多年以后，当我们这些人都是耄耋之年时，偶尔想起三心斋雅聚，面对这些文字和图片，那个遥远而又难忘的时空，感叹我们的欢歌笑语随着时光的流逝，而变成古老的故事。

如果百年之后,有人读到此文,肯定是个意外的收获。三心斋雅聚的温馨就在字里行间浮漾,若其灵感在瞬间碰撞出的火花形成文字,会在中华文苑的花圃里绽放出一朵绚丽的奇葩吗?

大家欣然合影时,曹新吾、刘伟、江飞不约而同地说:"三心斋雅聚,为古城安庆留下了一帧珍贵的剪影。"

此话不虚矣!

影毕,墨卿骚客携手宴欢,佳友胜侣举杯豪饮。珍藏二十年的五粮液,酒香而醇烈,微醉皆称妙。美味佳肴,畅怀尽兴,众宾欢也!

参加三心斋雅聚文人骚客有:冯仲华、石楠、沈天鸿、曹新吾、张健初、江飞、刘伟、张庆、董之忱、秦小坚、马德龙、毕家祯等、何祯辉、代伟等;工作人员:刘晓平、毕玉娟等。

右起:代伟、张庆、冯仲华、张健初、曹新吾

2019年4月28日

筆開三田泉

前排右起：魏玲、范安萍、陈红艳、刘晓平、石楠、钱玲萍、齐燕、胡文秀
后排右起：沙马、王和祥、陆平、毕家祯、董之忱、陈寿月

一

"花开三心斋"笔会顺利落下帷幕,已经一周的时间了。虽像惊鸿一瞥般短暂,却如夏花一样绚烂。

"花开三心斋"笔会是安庆女画家、女诗人、女作家别开生面的聚会,这次笔会原定于"三八"妇女节举行,因为新冠肺炎疫情的影响未如期主办。在疫情刚刚趋缓,人们还不能轻易聚会的情况下,我就抓住了机遇,因此,这次笔会的成功举办,在时间、形式、内容和意义上都是非同寻常的。

在筹办这次笔会期间,著名书法家冯仲华先生正拟赴外疗养,离开安庆前,写下条幅以示对笔会的祝贺;原安庆书画院院长陆平、经贸委书法协会主席王和祥、爱心协会会长陈寿月、女画家魏玲,欣然参加;安庆知名画家、远在湖北的齐雁女士特地返宜参加。

冯仲华先生书写的条幅

二

2020年5月16日星期六的上午,天气晴好,以石楠、陆平、钱玲萍为代表的近十位安庆女画家和女诗人陈红艳、范安萍等如约而至,相聚在"三心斋"。

右起：陈寿月、范安萍、石楠、沙马、陈红艳

右起：毕家祯、石楠、刘晓平

右起:范安萍、石楠、陈红艳

刘晓平(右)与钱玲萍(左)

走进三心斋，迎面的照壁上有一块正方形的瓷板画，是一幅名为"富贵人家"的牡丹花图，鲜艳夺目。暖黄色的木质地板在阳光的折射下静静地发着光。

30多平方米的客厅宽敞明亮，有着浓郁的文化艺术气息，茶几上摆放了水果和一盆开得正艳的玫瑰花，茶几的旁边是一把高背藤椅，茶几上的东南角是一盆开得正艳的玫瑰花，这盆玫瑰花在绿萝、文竹的陪衬下显得格外红艳。

客人进门后，最忙碌的可能要数我的爱人刘晓平，她将茶水一一递到宾客们的手中，并张罗着大家吃水果、瓜子。

诗人沙马、篆刻家董之忱曾经参加过"三心斋雅聚"的笔会，因此对客厅的环境较熟，他们自己沏茶、落座。沙马的诗作已是"高山打鼓，名声在外"，他经常被邀请参加一些诗作点评会。他对我说今天我们男士有幸参加"花开三心斋"笔会，只能作绿叶来陪衬这些红花，让女士们尽展风采。

右起：沙马、钱玲萍、董之忱

石楠（左）与陆平（右）

这些平时很少见面的女画家、女诗人、女作家，怀珠蕴玉，气质娴雅，落落大方。她们明澈晶莹的眼波，充满着青春的活力。她们的着装如花似锦，把三心斋装扮得春花盛开、色彩悦目，馨香宜人，一见面就兴奋地围着石楠老师谈笑风生，畅聊不止。

在邓丽君演唱的轻松悦耳的歌曲氛围中，三心斋充满了燕语莺声，大家仿佛置身于林徽因"太太的会客厅"中，或掩嘴窃笑、丽句芳声，或柔情逸态、绰约多姿，或嫣然微笑、趣语横生……

石楠老师和陆平老师退休后很多年没有见面，他们坐在观景台的藤椅上，长谈不已；沙马、钱玲萍与董之忱，坐在饭厅的圆桌前侃侃而谈；陈红艳与王和祥坐在书房前的沙发上谈得很投入……

女画家、女作家、女诗人或闲叙儿女情长，或切磋绘画技艺，或评画论诗，或观赏花卉盆景。谈笑声、嘈杂声，合成另一种和谐的氛围。

摄像师代伟和摄影师何祯辉忙得不亦乐乎，从客厅、书房到观

王和祥（右）与陈红艳（左）

右起：毕家祯、石楠、范安萍

石楠（左）与陆平（右）

景台，选拍最佳镜头。

为了不影响笔会的进度，客厅临时增加了一个条案，这样书房和客厅都成为了女画家展示风采的平台。

大家情趣盎然地观赏着石楠老师画的寿桃和陆平老师写的书法作品。

石楠老师笔下的寿桃意蕴丰厚，枝繁叶茂，果实硕大，线条干净，色彩均匀。在宣纸上晕染出的寿桃那样鲜嫩、甜脆，似乎散发着隐隐的清香，让人口舌生津。凝望良久，我们仿佛置身于果园，感受大自然时序和季节的流转，享受水果的芬芳和生活的美好。

石楠老师流露出欢惬和温婉的笑意，将她内心的慈祥和对长寿的向往之情表露无遗，同时透露出她"学无止境"般的刚毅和坚韧。我觉得她笔下的老辣极富沧桑的墨韵，包含了太多的"话外之意""韵外之致"和"意外之语"，给我留下了自由开阔的想象空间。

石楠（左）与范安萍（右）

陆平老师挥毫题写唐人韦应物的诗"独怜幽草涧边生，上有黄鹂深树鸣。春潮带雨晚来急，野渡无人舟自横"，博得了大家的喝彩。而他的书法作品，我是第一次见到，他的笔法如此流畅、如此豪放、如此入木三分。我知道陆平老师的版画——《郭老》被国家博物馆和日本博物馆收藏，应该说他在版画领域的声誉淹没了其书法的知名度。我钦佩陆平不怨天，不尤人，不被外物所动，勤于书画，低调做人，乐于奉献的秉性。难道这就是他养生、养艺、勤于治学的法宝？"野渡无人舟自横"不正是他书画人生的象征和写照吗？

紧接着是钱玲萍一展风采。钱玲萍是中国美术家协会、中国工笔画协会、中国女画家协会会员，其作品多次参加中国美协、中国工笔画协会主办的全国性大展，并屡屡获奖。她的作品无论是在四尺对开，还是在方寸之间，都有一种清净典雅、温情细腻的特征，构建了"应物象形"过程中的人本主义思想，达到了"万物融其神思"的高度。将其细腻的人文情感，透过宣纸上的点点墨痕和色彩，

陆平挥毫

右起：钱玲萍、毕家祯、魏玲

右起：钱玲萍、毕家祯、王和祥

寄兴笔墨，让山山水水、花花草草栩栩如生地展示出来。

钱玲萍专心致志地在客厅的条桌上铺纸作画，几笔落纸颇有大家风范，我们外行人看不出究竟，陆平老师问道："你这是画枇杷吧？可谓是熟能生巧。"

陆平老师不愧是丹青高手，一眼看出门道。我似乎有点须眉不让巾帼的意念，凑热闹地问："踏花归去马蹄香，如何用最佳画面表现？"钱玲萍对外界的嘈杂声似乎不动声色，只是专心致志地用她灵巧的画笔在宣纸上浸染。只有像我这样近距离观察她的人，才能从她脸上看出轻微的几乎察觉不出来的红晕。

果然，几片叶子烘托出一个个黄澄澄的枇杷斜逸出枝头，将画面渲染得宛如一首首美妙的宋词小令，让人赏心悦目的同时，也蕴含着深邃的哲理：没有春意盎然，哪有枇杷绚丽灿烂。

"五月枇杷十分黄"，黄澄澄的枇杷固然可爱，但她笔下的秋荷，

钱玲萍作品

也一样迷人,袅袅着柔软的细腰,绽放着清丽高洁的色彩。微风过处,仿佛飘来缕缕清香,不过清香不是来自笔下,而是来自人们的遐想。荷花显现出纯洁、静美、尊贵、典雅之意。她笔下的小品,一花一草、一石一泉皆熠熠生色。目随景移,景趋而趣生。静观细赏,简笔淡墨,高高低低,东侧西斜。该有者有,该略者略,以疏密致,以明暗通,笔笔着情。

这些让人真切地感到,钱玲萍在追求画面的清晰、典雅、含蓄的同时,也更为注重展示其对精神层面的追求和人格的显现。她完全不在意旁边摄像机、照相机的镜头对着她,潜心作画,有时候用手捋一捋额头上的头发,或用餐巾纸铺在画上吸干墨汁。

当钱玲萍结束最后一笔时,脸上露出了一种轻松自豪之感。她端着一杯热茶,站在窗边,欣赏着我养了多年的花卉盆景,眺望着江南烟树、堤上行人,江面百舸争流,文人骚客观景寄兴,其致一也。望着钱玲萍的背影,我心想:若有诗书藏于心,岁月从不败美人。

三

我不会画画,但我十分羡慕画家的笔下生花,将一幅幅花鸟虫草和气势磅礴的山水画展示于人。

同样是美女画家的齐燕老师是知名的山水女画家。她的诸多山水、花鸟作品多次参加省市画展,部分作品被展馆及国内友人收藏。其国画作品多次参加拍卖捐赠等公益活动,并著有诗集两部、散文诗作及国画作品,评论文章散见于省内外报刊。

初夏的阳光像探照灯一样泻进三心斋书房。齐燕将一张四尺对开的宣纸铺开,沉思片刻,提笔挥洒,浓墨淡水,胸有成竹。不一会宣纸上出现了连片险峻起伏的山崖,倾泻而下的瀑布,山崖下参天的松柏,雄伟苍劲,巍峨挺拔;瀑布流淌,河水潺潺,郁郁葱葱的树林中,山径通幽,茅舍掩映……她或悬肘、或伏案、或刷墨、或细描,显现出老道的笔法。酣畅淋漓的墨痕,拓展了作者自由想象的空间。一个多小时过去了,一幅水墨淋漓的山水画展现在大家的眼前。

齐燕的作品

静观细赏齐燕笔下的山水画,名树石笋、安插得体;苍癣鳞皱、布满树身;烟浮水瀑、奇峭怪石;石经茅舍、清晰可见。颇具黄庭坚之画风,大有遒劲奇崛之力,又有秀媚柔弱之韵,但都风流蕴藉、平淡天真。可谓山容水态皆出天然,树色泉声都非尘境。其清幽袭

齐燕

齐燕与作品

人的画作润泽了大家的眼球。我想，中国山水画以宋画为最，无论花鸟草虫，还是山水亭榭，"宋人的画来自对自然细致的观察，他们每次拿起画笔，都像平生第一次接触到自然。他们以惊叹而敬畏的心情来回应自然。他们视世界之清新、了解之深厚，是后人无可比拟的"。齐燕的山水画正是从宋人的山水画中汲取了营养，从大自然的启迪中获取了潜质，从而达到了一定的高度。

她笔下的花卉展示了艳丽之美，让我们在盛开和凋零之间，体味出生命的丰美和衰老。同时展示了中国文人雅士的学识素养，看到了她们对花草树木、山水亭榭所寄予的浓郁而又深厚的情感。

宋朝历代皇帝对文人墨客的欣赏和尊重，使得宋代的山水花鸟，无论是何种题材，都清新、自然、逼真、恬静，生活气息浓厚，并流传至今。从齐燕的山水画中我们清晰地看到了宋画的脉络、写意和传承。

齐燕在作画

篆刻家董之忱也为笔会助兴,写下了"座上南华秋水,屏间北苑春山"的条幅,厚重枯涩的篆书,变化多端,苍劲奇崛,一展古风古韵。

初出茅庐的女画家魏玲在大家的感染下,也即兴作画。

功成名遂、德高望重堪为良师益友的石楠老师曾创作了十几本人物传记小说,她的《画魂:潘玉良传》,曾被拍成电视剧《画魂》,还被译成多种语言出版,毋庸置疑,这确立了她在传记小说写作的领军地位。古稀之年后,因为视力的原因,石楠老师改学绘画。她笔下的画作千姿百态、生机盎然,其于2019年在安庆成功主办了个人画展。她是安庆市目前年龄最大的女画家和全国著名的人物传记作家。

从现场作画看,虽然石楠老师的画,略逊于专业画家,但其在短短的几年内,对绘画就有如此造诣,实在让人钦佩不已。她旺盛的精力(长年护理九十高龄丈夫的生活起居,还要经常应人之邀讲学、写稿等)源自对文学和绘画的热爱,在众多的读者和同仁的心目中，留下了深刻的印象。

这位八十有二的女作家、女画家，就这样为大家树起了一个堪称楷模的成功典范，为"花开三心斋"笔会增添了亮点。

生活中，只有同种属性的人们才会关注对方的才华，欣赏对方的才华，钦佩对方的才华，而不需要任何刻意的吸引、维系。我觉得石楠老师是最美的作家，最美的画家，光彩照人。

这些女画家、女诗人、女作家，尽管平时很少接触，但交浅言深。她们发自内心的惬意和欣慰，从她们的笑靥、眼神、话语、动作中显现出来，感染了所有的人。同时也轻轻地漾开大家的心扉，让大家倾心、愉悦、乐不可支。

四

大家同样期待着两位在省内外均有一定影响的女诗人陈红艳、范安萍现场观画吟诗。

在一片掌声中，丰姿美艳、体态轻盈的范安萍露着亲切妩媚的

右起：刘伟、陈红艳、范安萍

笑容缓缓走来,她眉头一皱,诗上心来,将灵感的闪烁变成真知灼见,让一缕缕情丝化为诗词韵律。只见她题齐燕两幅作品的诗,其一是"一生金粉斗枝前,似此荣华几度鲜。任你今朝花事好,我修明日白头缘"。其二是"层云铺就笔轻勾,银栗纷飞染不休。寻得白梅添雅趣,磨开玉镜泊扁舟。心听啼鸟同痴醉,梦似残寒莫挽留。静看浑如仙境里,乐山乐水足悠悠"。赢得了大家的喝彩。

范安萍不愧是"安萍诗社"的社长,由她主编的《安萍文苑》的诗人来自全国各地,都是当地有一定影响的诗人。各地的诗人能汇集在安萍诗社,充分体现了范安萍对古典诗词的钻研达到了一定的高度。

可谓是"桃李无言下自成蹊",安萍有"彩"蜂飞蝶来。

陈红艳是高校教师,在认真做好教学的基础上,业余时间笔耕不辍,十几年来,已经出版了《百花亭放歌》《百花亭抒怀》等诗集、散文集共一百余万字,被世界诗人协会评为"全国十大著名诗人""最美女诗人""全国十大新锐诗人"。她还善于朗诵,担任主持人。

她为《花开三心斋》的题诗:"古香古色小楼安,听雨听风暮雾寒。甭管红尘多幻变,三心斋夜话非凡。"可谓鞭辟入里,七步成章。

为石楠老师题诗《石楠花》"宜城独此异群花,白朵红袍抱晚霞。人物风流文焕彩,经春夏度更繁华"。

为陆平老师画作题诗:"紫藤新叶又一春,串串珠玑架上云。曼妙婀娜情韵致,笔功遒劲现真纯。"

为钱玲萍老师画作题诗:"三心斋里笔刷新,一树枇杷一树金。众友齐将才女赞,宜城独秀画师林。"

为书法家王和祥题诗:"三心斋遇草行王,儒雅清癯笔劲苍。墨饱运神雄健势,砚池新浴灿生光。"

陈红艳此时一展风采,可谓是天然一段风韵,全在眉梢;平生万种情思,悉堆眼角。

范安萍、陈红艳现场吟诗,巧吟难状之景,妙语花果世界;如春云出岫,疏疏荡荡,似秋水浩渺,清浅而流长,其风流文采为众人所佩。

石楠与陈红艳

书法家王和祥说"花开三心斋"笔会,是一个鲜花盛开、才华展示的平台。

大家都以快乐的心情参与,无论是作画还是吟诗,无论是赞叹还是欣赏,无论是学习还是交流,都是生命的图腾。

他被两位美女诗人的才气所感染,欣然挥毫,将她们的诗作,跃然纸上,其书飘逸,章法具在。既行缓老成,又儒雅风流,有远山飘云之味矣!

中国美术家协会会员钱玲萍将自己出版的画册送给大家,安庆著名诗人陈红艳、范安萍等将自己多本诗作也一一赠送。

书画同源、诗画同源,画家、诗人、书法家在同一个空间亲密

右起:王和祥、范安萍、毕家祯

和谐地互动,证明了世人可以诗意地合作、愉快地交流,从而大家沉浸在追求美、品味美、享受美的氛围中。

生活中,有人以忙碌为借口,不结交朋友,不参与社交,便丧失了人生之乐、交往之趣,生活的空间就失去了快意,再伟大的人,再有才华的人,再富有的人,生活都要有一定的载体,才能体现其价值。友情只有在交往中才能加深,才华通过一定的形式才可以展示风采。

不难想象,在商品经济时代,人们为了单纯追求金钱,心浮气躁,目光短浅,来也匆匆去也匆匆。仿佛一切都无情无义,友谊和爱情都成了冷僻的词汇。加上手机短视频的普及,人们聚会的机会越来越少,"每有良朋,况也永叹",因此,感情的触须愈来愈麻木,感情的河流越来越干涸。

古代周公"一沐三握发,一饭三吐哺",是为了接待天下贤者,今天连听君一席话,胜读十年书的人际关系几乎都没有了,能与知

董之忧题写"安庆读书人家""三心斋雅聚""花开三心斋""三心斋拙文"

音在一起谈天说地一个下午或一个晚上纯属稀罕之事,而"花开三心斋"笔会,则是安庆文化艺术圈子里闪出的一道美丽的彩虹!

三心斋虽然没有一些名人的书房装潢得气派,但"阳春召我以烟景,大块假我以文章。会桃李之芳园,序天伦之乐事。群季俊秀,皆为惠连"。快慰之余,感慨系之,文友交往和谐,气氛愉悦,"恰如邓丽君的歌声平和柔美,风轻云淡,透露出文友之间暖暖的情意与温馨"。

我想,总有一些美好的事物,需要以最传统的方式传承;总有一些高雅的聚会,需要最原始的方式来演绎;总有一些诚挚的友情,需要温馨的氛围来氤氲。

彼此留一份眷念,留一份惬意,留一份遐想,留一份快乐。也为我们的人生苦旅留下一份美好的回忆。

这就是"花开三心斋",一个相互间的亲昵举止,让人充满眷念;一句甜润的问候,如春风扑面,让人感到温馨;一个不经意之

右起：代伟、王和祥、范安萍

左起：余竹林、何祯辉、陆平、毕家祯、李耀武、魏学贤在鉴赏笔会作品（代伟摄于2023年国庆）

右起：陆平、钱玲萍、石楠、王和祥

间的目光，饱含着深情，让人久久地难以忘怀。

想到这里，我不禁对王羲之肃然起敬。老先生在永和九年"流觞曲水"诗情满怀，尽享赏心乐事，心中充满着无限量的快乐，与天地做一番心灵的交流。他在一千六百多年前说的话，透过遥远的时空，映入我们的耳帘："向之所欣，俯仰之间，已为陈迹，犹不能不以之兴怀""虽世殊事异，所以兴怀，其致一也。"可见当年兰亭集会所凝聚的精、气、神，抚慰了一代又一代人的"常能遣其欲而心自静，澄其心而神自清"。并在我们的生活空间弥撒开来，永久地流传下去。

中华文化的高雅就在这里！中华文化的博大精深就在这里！

佛家言"相由心生"，字是心迹，画是心花。这次"花开三心斋"笔会，无论是影像还是书画作品，何尝不是参与者心迹的写照和心花怒放的展示。在似水流年里留下这些美好的回忆，难道不是人生旅途中不可复制的风流？

大家在合影留念前分别交叉留影，石楠老师成了大家照片中的主角，合影时石楠老师高兴地说："岁月静好，彼此留一份眷念、留一份快乐、留一份风雅，为我们的人生之旅留下一段美好的回忆，岂不欣慰！"石楠老师九十岁高龄的先生也来参加宴会，大家共同举杯，衷心祝愿石楠夫妇寿比南山，福如东海。

美酒佳肴，才女靓丽；长者和蔼，可亲可敬；后者恭敬，移樽就教；酒过三巡，高潮迭起；笑语连绵，同心共证。"花开三心斋"笔会，达到了"伯歌季舞，宴乐以兴"的效果，令人叹为观止。

回忆至此，不觉莞尔。"花开三心斋"笔会，虽然已经过去一周了，但给我和参与者留下了无限美好的记忆。

我坚信，后之览者，亦将有感于此笔会矣！

2020年5月24日

写在陈独秀墓前

远离喧嚣的城市,远离时代的洪流,你在翠竹环绕的一方土地静静地安息。没有众多的瞻仰者,偶尔也有人寻踪驻足向你致祭;没有名人撰写的墓志铭,只有一行枯燥的数字,记载着你的安葬日期;没有汉白玉的雕栏和花岗岩基石的灵堂,只有简朴的甬道和围栏。

不用三跪九拜,也无须烧香鸣鞭。我绕着墓台走了一圈又一圈,献上几束采集的野花,是心迹的写照,是灵魂的呼唤,是深沉的寄托。站在碑前,有几分飘忽不定,又有几分诚挚的崇敬。

你的容颜我无从回忆,你

哥哥家龙（后排左一）和嫂嫂舒寿荣（右一）和哥哥家宝（前排左一）陪同福建二嫂及女儿全家

的形象我无法把握，我只知道这里躺着的曾经是一位叱咤风云，但又不甚完美的伟人。

笔者与侄孙瑶瑶

凭吊你，因为你不属于个人，你已经属于历史，属于民族；因为你是中国现代史不可缺少的一页；因为你给人们留下了一个深沉的思索：找到了真理，并不等于掌握和运用真理。

人事有代谢，往来成古今。中华民族上下五千年历史，精英辈出，这些人身上表现出的坚毅和伟大，乃是中华民族仆而复起、愈挫愈奋的主要凭借。

然而，这种为中华民族献身的精神，却在现实生活中日趋缩减，商业气息与日俱增。生活富裕了，享乐意识随之愈浓。就像陪我前来的侄子侄女，竟然不知道李大钊是何许人也，甚至以为陈独秀是我们家的什么亲戚，让人哭笑不得。

薄暮暝暝，烟色迷蒙。我的思绪激荡不能自已。陈独秀是新文化运动的旗手、是勇敢的点火者。虽然没有把点燃的火炬一举到底，但饮水思源，他在中国传播的马克思主义思想，是生命中破天荒的第一声号哭，是大自然时序中的第一声春雷，是推翻三座大山的第一声号角……

历史在沿着自己的轨迹发展，有曲折，有迂回，但历史自有公正，马克思主义不会在中国消失，这也可谓是颠扑不破的真理吧！

1994年8月19日

父亲二三事

父亲毕念宸

我的祖父毕树棠(字棣生)早年与盛宣怀信奉实业救国的理念,参加和主持过汉冶萍的矿业工作。

祖父长期租用中国第一艘小火轮为汉冶萍公司提供铁矿石,往返于马鞍山、铜陵、安庆、武汉之间。

他的几个叔伯兄弟都参加了孙中山的"同盟会"和武昌起义,与吴务生、熊子嘉、熊成基、黄兴经常往来,还参加孙中山的葬礼,并且先后被顾祝同、王楫堂、夏斗寅、黎元洪、宋子文等达官名人聘请为顾问或秘书。

舅舅鲍昭定(其父即我的外公是国民党海军中将司令)在谈到过去时,对我说:"你的祖父方面大耳,蓄八字须,常着西服,执手

父亲毕念宸与母亲张佩珊的订婚照（摄于1919年）

杖。见解新颖，眼界开阔，他认为中国最大的问题是贫穷落后，所以他笃信'实业救国'。他把所有的子女都送进'洋学堂'。你的父亲毕念宸（字紫枫）高中毕业后就进了电报局，从报务员一直干到局长。他业务精通，在当时全国邮电系统是出类拔萃的。"

父亲毕念宸对吃喝非常讲究，夏天的西瓜让母亲用纱布绞汁喝；吃鱼只吃鲥鱼、边鱼，鲫鱼用来做汤；冬天的白菜心是专门做给他吃的……凡是父亲吃的菜，谁都不敢伸筷子。父亲喝茶必是名茶系列，如西湖龙井、洞庭碧螺春、信阳毛尖、君山银针、祁门红茶、安溪

父亲毕念宸在南京丰富路家中（摄于1923年前后）

铁观音、六安瓜片等。

哥哥家龙在父亲工作过的上海金山县邮电局门前留影（摄于2019年）

父亲长年在华东地区邮电局任局长，而且工作经常调动。全家随着父亲的工作调动而东奔西走，母亲想拜托二叔毕德林在国民政府为父亲谋个差事。但父亲从不开口，他认为，凡事靠自己奋斗得到的才有意义，他对子女也是这样要求的。

因为这种背景下的社会关系，父亲与陈立夫、陈果夫的交往较多。解放后，父亲在接受组织审查中多次检讨自己曾经羡慕二陈的资产阶级生活方式。在上海工作时，父亲经常带母亲坐黄包车看梅兰芳的演出，出入高档茶馆。好在父亲思想敏锐进步，任何一次审查都积极配合，且业务能力强，为人豪爽坦荡，因此被很多领导赏识而屡屡过关。

抗日战争时期，父亲在安庆殷家汇当邮电所所长。侵华日军进攻皖南山区，在离殷家汇只有两公里时，所有的公职人员全部撤退，父亲硬是冒着生命危险，把刚刚接收到的电报发出去才撤退。为此，父亲收到了五十大洋的奖金。试想如果这份电报不及时发出，又会有怎样的后果。可见父亲的精忠报国之情。

父亲从此升为邮电局局长后，始终在第一线工作，从来没有生疏过电报业务。他发电报从来不用密码本。接电报一边接听一边翻译。那个年代,密码本是不能随身携带的,丢失了就等于丢掉了生命。因此父亲凭着超强的记忆力和熟悉的业务能力,将一本相当于《新华字典》厚的密码本全部记在脑海里。

母亲经常对我们兄弟们谈起,父亲当电报局局长时,高兴起来就用大脚趾敲电码,而且从未出错,可见当年父亲业务能力的精湛。与父亲共事的领导和同僚也都钦佩他过人的记忆力。

父亲原配张佩珊(摄于1923年前后)

父亲却说:"这哪里是记忆力好,只不过是把时间都花在了业务上。"

父亲当年在学校加入国民党,属于新潮。一个国民党员,又是国民政府的邮电局局长,在新中国成立后的反右斗争中没有被打成右派,充分说明了父亲的为人。

父亲对自己的"官"越做越小无所谓,他在家中有句口头禅:"我毕竟是伪职人员,要自己接受改造。现在解放了,任何时候听毛主席的话,跟着共产党走绝对没错。"

父亲的书法,朋友们都说写得很好,但是他从来没有给人写过字。只是作为一种消遣、养生。他尤爱王羲之的小楷,一直认为自己没有掌握一笔小楷而遗憾。我后来专门写王羲之的小楷,可能与父亲当年潜移默化的教育有影响。

父亲赋闲后,身体有疾常到在上海银行工作的大女儿家养病。

父亲原配、母亲张佩珊与大姐（右二）、二哥（右三）、三哥（左一）（摄于1930年9月的南京）

每每回来，父亲总是把上海的东西大包小包地往安庆带。有时候行李多了，下船时有同舱的人帮忙，上岸后大家各奔东西。父亲只好采取"蚂蚁搬家"的办法，将行李一前一后地搬运。好在那个年代的社会风气好，经常也有路人帮父亲把行李送到家。父亲非常感激，把行李中的从上海带来的"大白兔"奶糖送给帮助他的人。

父亲在上海带回来的东西很多，有上海的炼乳、五香豆、上海牌铅笔、大白兔奶糖等。如果是过年回来，父亲还把小玩意送给院子里住的邻居家的小朋友。这个时候母亲往往在旁边说："你爸爸这种做法，这都是跟你爹爹学的。"

父亲从上海将"经济煤炉"带回安庆，母亲烧的时候，火苗特别大，火门可以自行调控。隔壁的邻居感到新鲜，都赞叹不已。

我记得父亲在上海给我带来一条红色的羊毛围巾，特别暖和、柔软。父亲帮我系在脖子上，还带我和哥哥到照相馆照了一张相。

在20世纪50年代末期，安庆市面上很少看到这样的纯羊毛围巾，其质量好，颜色鲜艳，价格非常昂贵，这条围巾我一直戴到小学毕业。

1958年，全家从南京丰富路迁居安庆，父亲将家安顿好后，第一件事就是到邮局为我们兄弟订了《小朋友》和《青年报》。刚开始这两种刊物经常不能准时投送到位，父亲专门为此向邮局和发行单位写了"读者意见"。此信的草稿和回复今天依然保存在家龙哥哥家中。

在我的记忆中，父亲的最后几年一直是围着我转的。他教我唱歌，教我背诵唐诗宋词，教我识字。在他生病去上海检查回来时，还不忘记给我买一条红色的纯羊毛围巾，让我永生难忘。在以后的岁月里，父亲对我倾注了无限的爱：像春天的细雨，润物无声；像夏夜的星光，灿烂夺目；像秋日的暖阳，缠绵慈祥；像冬季的白雪，温润晶莹，为我的健康成长打下了良好的基础。

记得童年一个深秋的黄昏，父亲带我去看电影《报童》，入场时天还是亮的，等散场时，天已经完全黑下来。第一次有白天突然进入黑夜的深刻印象，让我感到特别的奇异，因此在我的记忆里镌刻下了永恒的记忆。在回家的路上，父亲牵着我的手，边走边教我唱《卖报歌》："啦啦啦，啦啦啦，我是卖报的小行家，不等天明去卖报，一面走，一面叫，今天的新闻真正好，七个铜板就买两份报……"想不到从电影院到家里不到半个小时的路，在父亲耐心的教唱下，我居然能够从头唱到尾。父亲教我唱的过程中那些细妙入微的情节，和《卖报歌》一同根植于我的血液中。

我清楚地记得，父亲生病住院临终前，口述发往福建、云南、上海、南京等地的哥哥姐姐的电报，叫家龙哥哥记下来，说这既省钱又节省时间。在场的医生和其他病人家属，无不佩服父亲惊人的记忆力。

这些终生难忘的情景一旦生发出触角，顷刻间就发酵，我的鼻

二叔毕德林与二哥毕家龙（摄于1970年）

尖就会无端的酸楚起来。俯首沉思"天地者万物之逆旅，光阴者百代之过客"，百忧感其心，万事伤其形，天地万物没有一件能逃得出荣枯、盛衰、生灭之规律。俯仰之间，皆为陈迹。

人的一生何尝不是这样的呢？生与死都是人生的过程。人生苦短，世事茫茫，父子情深，永志难忘。

今夜，我倚在窗边，眺望那如盘的月亮，只见几片淡淡的白云飘浮在月亮的周围。古人说"人是旧时好，月是故乡明"，想到父亲当年对我无微不至的关怀，我心头一热，似乎直到今天，我才哑然悟出，父爱是无言的。

这迟来的顿悟，让人情意缱绻，在流转的时空中，父母、师长都相继隐去，独留下记忆深处难以抹去的痕迹。令人潸然泪下的是"树欲静而风不止，子欲养而亲不待"。

执笔书此，不知泪涕从何而下？我哽咽地呓语，在摊开的稿纸上落下了酸楚的泪花。

2017年10月8日

附：二叔毕德林与蒋经国的对话

蒋经国为此曾拜访过政府钱币司官员毕德林,毕不苟言笑,做事十分严谨。语态之间,时常流露出一种冷静和漠然。

蒋经国:"我想请教,上海滩的游资都是从哪里冒出来的?"

毕德林:"蒋先生是否认为这些游资都是上海滩当地的?"

蒋经国:"那么说,是从外地进来的?"

毕德林:"你想,上海每天进出如此多的物资,哪一个人能具有这样大的实力?而且……"

蒋经国:"请继续说。"

毕德林:"比方说军队。"

蒋经国的脸色瞬间变了。

毕德林:"我说的不是那些国民党正规的美械部队,他们还不敢。我指的是一些老军阀、旧军阀的部队。他们有大量的军饷囤积居奇,买卖黄金美钞。个别人不敢冒这样大的风险,也冒不起。"

蒋经国:"现在这些部队的军饷,不都是由财政部国库署签发支付命令,到中央银行去领取?"

毕德林:"过去是这样。现在这笔钱一到手,他们就拿去买黄金、炒美元。"

蒋经国:"那士兵的饷呢?"

毕德林:"只要买下黄金,物价如此飞涨,半个月就可以将发饷的钱又赚回来。"

蒋经国:"腐败这样的情况,领袖知道吗?"

毕德林:"知道,但也没办法,投鼠忌器啊!他只能下令将签发的军饷支票,改由各部队所在城市就近的银行代发。可是你相信不?这边的钱中央银行刚刚打到地方,那边不出当天就又用飞机运回上海。这些军阀们不仅居住在要津,而且他们在上海就有长期从事金融业务的办事处。"

蒋经国痛心地沉默了。

"还不仅仅是各派系军阀",毕德林继续说,"还有一种更可怕的力量不可忽视,那就是'江浙财阀'。在大上海,没有人可以制约他们。总统虽然统一了中国,但这两个毒瘤并未完全成功铲除。他们在许多时候可以各自左右地方财政甚至国家金融,几个重要人士还能直接给总统府打电话。任何时候,若银行财团不合作,即使是总统本人也没办法。"

(原影印件在家中)

思念母亲

一

母亲去世了，却把思念永远地留给了我们。

人生七十古来稀。尽管母亲活了89岁高龄，可是，我却多么想她永远健康长寿啊！

母亲的一生是在柴米油盐、洗衣浆衫、抹灰扫地中无声无息地飘然而过的。我4岁去父，母亲用仅有的30元的微薄生活来源支起了七口之家的门面。生活的艰辛让全家人感到这日子度日如年。重重困难，却没有使母亲低头，她

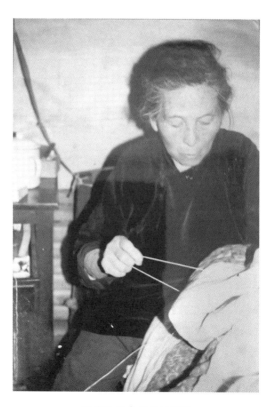

80岁的母亲在做针线活

1950年，母亲潘法贞怀抱小女儿，旁边站立者是哥哥毕家龙

以博大的母爱，令我们健康成长，让大家庭充满了温馨。

在我的记忆中，母亲一生信善。"三年困难"时期，乞讨者很多，我们家住的大院子，只要听到院子前面有人在喊"要饭的来了哟"，后面的人家马上把门关上。我家则不然，因为母亲有一颗善良的心。

那个年头，我们一家七口，微薄的经济来源，岂能接济别人呢？但凡是要饭的，不论来自何处，母亲或多或少都要给一点。没饭就给几分钱，或是倒杯开水。要是酷暑，母亲送点仁丹给他们。尤其是拖儿带女要饭的，母亲更是同情，让她们在门口坐一坐，有时候还找几件穿过的旧得不能再补的衣裳给她们。其实我们兄弟姊妹七人穿的衣裳，没有哪一件没有几十个补丁的，并且经常被学校借去作忆苦思甜之用，可见当年我家生活之艰辛。平时大院子里张家晒的衣，李家的鸡在外下的蛋，王家的小孩无人照看，程家奶奶水缸里没水……母亲能关照的尽量关照，自己做不了的就叫我们帮忙。

大院子住的查季璞老先生，是一位德高望重、刚直不阿、医术享誉省内外的老中医。登门求医者从市里领导，到省内外的疑难杂病患者，络绎不绝。他从不轻易上门出诊，但有几次我母亲病重，不能起床，查老先生上门号脉，令我们全家终生难忘，至今成为我们家的佳话。

我想，查季璞老先生能上门为我母亲号脉，除了他的高尚医德之外，其中一个因素是因为我母亲与人为善。

母亲与人为善、乐于助人的品质，潜移默化地根植于我们的言行举止中。

二

母亲去了，去得那样匆匆。我从县里赶回来，望着母亲遗容，我跪下，深深地吻了一下她的额头，泪珠像线一样无声地落湿衣裳。楚酸的心里有种麻木的幻想，"要是……也许，要是……也许"，可是母亲真的去了。

有时候，一瞬间我犹如断线的风筝一般不知所措；有时候猛然来袭的孤单感使我感觉自己像是失群的大雁，又像是失去庇护的孤

祖孙三代（摄于1992年夏，高井头旧房拆迁时）

儿；有时候黯然伤神感到渺茫空虚，是因为听到了不知从何处飘来的《常回家看看》这首歌；尤其是出差返回安庆之时，第一反应是"去看看母亲"，朦胧的意念掠过心头，可是短暂的瞬间，一种悲凉又袭上心来，思念之境一如惊梦，"唉，老母亲已经去世了"。一声心酸的长叹，我又每每回想起过去出差回家时的情景来。

我参加工作不久，经常出差，那个年代，电话尚未普及，我无法告知母亲什么时候到家，但母亲每次一般都估计得准确无误。

于是，那天下午，母亲就挨家挨户地打招呼，请邻居晚上不要给大院子的大门插门闩。由于当年的交通不像现在便利，所以安庆人出差基本上是乘大轮，而大轮一般都在凌晨四点左右停靠安庆港，所以我回家准是下半夜。

冬天的清晨，沿街的商店、宿舍均悄然无声，我冒着寒冷前行，昏暗的路灯下，偶尔有一两只野猫在马路上蹿来蹿去，还有野狗的吠声多少让人有点害怕。终于，熟悉的大门近了，我担心要是谁无意间将大门插上门栓就糟了，庭院深深，我只能倚着大门待到天明了。其实，我每次担心都是多余的。

当我推门而入，走过漆黑的天井、庭院、甬道，虽然家家户户一片寂静，但我感到既熟悉又亲切。当我穿过最后一个堂间，站在自家的门前，正要敲门，一阵急促的问候从黑暗中传来：

"家祯，是家祯回来了吗？"

"姆妈，是我回来了。"我轻声应答。

紧接着，我听见一阵窸窸窣窣的声音，我知道母亲披着棉袄下床，给我开门了。

等到我进门后，母亲才舍得拉亮电灯，然后又倒水给我洗脸、泡脚。并说："天还早，还可以睡一会。"母亲边说边把热水瓶（盐水瓶）从她的被窝拿出来塞到我的床上。

寒夜归来，等待我的是家的温馨。睡在床上，我感到特别舒适，不一会就进入了梦乡。这种归来的欢愉，深深镌刻在我年轻的心房上，每每忆及犹如一个远去的美梦，纵然渺茫，却依然有幸福的温馨流淌在心间。

母亲那慈祥的目光，那细微的关爱，永远是照耀我旅途的灯火。

三

母亲去了，去得那样匆匆。我再也看不到她那慈祥的目光，听不到她那谆谆话语了。老天让我拥有一个完美的世界，却被扯出了裂口，而思念之情却像一团丝线将我的心捆扎得紧紧的，再美好的事也无法让我舒心。

我常年在外，多想能在母亲的有生之年尽尽孝道，报答母亲的养育之恩呀！

可是老天却不给我这个机会，注定要让这无法弥补的遗憾陪伴我半辈子。

母亲去了，这种时间的错位，让我总是感到心酸中伴扯着锥心刺骨。只有沉浸在回忆和母亲在一起的时光，我才会有一丝丝的解脱。

1989年我在北京中科院怀柔分院读书，母亲因此特别爱看《新闻联播》，更是关注北京的天气预报。我知道，不关心政治的母亲，是因为她的儿子在北京学习，所以北京的一切对她是那么有吸引力。放暑假回来，我去看她，母亲那种喜悦的神态，时间愈遥远，愈是遐想不尽。

1995年我调到太湖县工作，她又关心太湖的一切。记得1996年防汛，我一个月没回家，母亲急得整天在家跺脚，非要到太湖去看我。后来硬是要外甥去太湖跑了一趟方才罢休。

在以后的日子里，当她得知太湖山区老百姓的生活状况后，她始终不相信我在县里吃的不是鸡鸭就是鱼肉。她总以为老百姓那么

70岁的母亲摄于哥哥毕家顺家

苦,当领导的肯定也好不到哪里去。

每次我去看她,母亲都长时间地打量我一番,当她看到我的一头乌发渗出几根白发后,更是认为我缺乏营养,非常心疼地摸着我的头发说:"白发也有了,人也苍老了,生活苦啊。"

因此只要我在哥哥姐姐家吃饭,母亲总是叫他们先盛一碗骨头汤给我喝。等到吃饭的时候,母亲又是圆子,又是肉的往我碗里塞,嘴里不停地说:"吃,多吃一点,县里没有这些东西吃。"

临走,母亲又将孙儿们孝敬她的饼干、蛋糕让我带到县里去,说一个人回来晚了,没东西吃时,可以垫垫肚子。

多年来,我最挂念的就是母亲的身体,她常年生病,好在哥哥姐姐都十分孝敬,补品不断,唯独我给她买的补品她不要,开始,我有些误解,后来我才知道,她担心我因此而敛财,导致犯错误。生活费我多给一点她也不要,她告诫我:"你爸爸刚去世时,生活那么困难都挺过来了,现在日子比过去好一万倍。钱生不带来死不带走,只要够用就行了,你可千万不要收别人送的钱,更不能犯错误啊!"

从母亲体贴入微的关爱中,我知道了什么是"可怜天下父母心",什么是"儿行千里母担忧"。母亲那温慰的话语,是缕缕清新的春风,让我舒心,催我奋进,令我矢志不渝。

四

母亲去了,去得那样匆匆。对母亲思念的积累,成为了我格外关注和尊重老人的情结。

在街上,只要看见耄耋之妪拄着拐杖,我视线的聚焦就化为思绪,那要是我的老母亲多好啊!走近她的身旁我有一种亲切感,我羡慕这位老人的儿女们有这样健康的母亲,我不由一步三回头,看看老妪的面容,祝她健康长寿。

在集贸市场,我往往喜欢关注那蹲在一隅,守着一担菜的老农,不论质量与否,不问价格高低。这样做心灵似乎得到一种慰藉。

有一次,在长途汽车站碰到了一对奶孙俩的钱包被偷,一老一小直愣愣地站在那儿发呆,好心人不时丢五毛、一块。我不忍遽然离去,问明情况后,毅然将一张五十元人民币塞到她手中。围观者悄悄议论,这年头毕竟好人多啊!其实,他们都无法窥视我情为何系的触角。

古人云"老吾老以及人之老,幼之幼以及人之幼",这不正是中华民族生生不息、一脉相承,用以传达情感的纽带吗?我的生命,从母亲的身上可以找到血液的源头,真正川流不息的应该是血液,只有血液才世代相传。

母亲去了,去得那样匆匆。但我总是能确确实实地感受到,母亲在我们生活的来来往往中倏然而来又飘然而去的真实感。她把思念永远地留给了我们……

2003年12月19日

二哥如父

父亲毕念宸(左)与二哥毕家骅(右)

1959年父亲病逝,在家排行第十一的我才4岁。远在福建的二哥和上海的大姐回家奔丧,我隐隐约约记得那天母亲带我们从公墓返回的途中碰到二哥和大姐。当时大家悲痛的情景刻骨铭心,永远难忘。

办完丧事的二哥和大姐细斟,二哥决定今后每月寄给家中30元生活费,逢年过节增至50元;三哥毕家骝每月5元;六个弟妹的学费全部由大姐负担。由于二哥公务繁忙(时任福建省人委办公厅副主任,行政16级),即离宜返闽。

自此,二哥担负起了大部分赡养我母亲和抚养六个弟妹生活的重任。

　　二哥在每月汇出30元生活费的同时，附家书一封：谆谆教诲我们弟妹如何学习、如何锻炼、如何帮母亲做一些力所能及的事。并将他在省人委办公厅工作来往信函上的邮票剪下来，引导七哥家龙集邮，正是因为二哥的引导，七哥在40年后的今天成功地主办了个人集邮展，博得了社会各界的赞叹。

20世纪40年代二哥毕家骅于上海交通大学毕业照

后排右起：三哥毕家骊，三嫂李凤祥、侄女织云
前排右起：侄子维宁、侄女苏云

从1959年父亲去世,到1972年底我参加工作,二哥每月的汇单像候鸟一样准确,从未间断,要是他出差就由二嫂代办汇单,他还不忘写信。几年下来,每个安庆吴樾街邮电局投递班的邮递员都知道"安庆建设路36号潘法贞",因为这家人每月都能收到从福建省人委寄来的30元汇款和家信,更不要说高井头一带住的左右街坊了。

后来,建设路36号的门牌改为56号,因为母亲没有及时告诉二哥,他仍然沿用老门牌,邮递员一看就知道往哪投递,有时候在放学的路上碰到我,叫我签个名,并嘱咐我赶快回家。

二哥的思想较为新潮,文字能力强。我记得我没上学时,识字不多。二哥来信时,母亲急于知道信的内容,只好请左右隔壁的邻居代读。读信者皆为二哥的才情并茂所折服。

二嫂俞建华与大姐毕家宜在加拿大外甥罗耀曾家(摄于20世纪90年代)

二哥的来信内容丰富,每次都在两页信纸以上,多则五六页,从祖国建设的新成就,社会发展的趋势,到做人的准则,学习的态度,孝敬老人的品质,无所不谈,无所不包。每次来信的内容,千变万化，但都不离教育我们要热爱党、热爱祖国、热爱学习、热爱生活，正直做人，报效祖国。他像一个摄影师，不断地变换角度，变换手法，使信的内容可读性极强，再长的信读来都感到亲切无累赘感。

我读书以后，把看二哥的来信当成是一种精神上的享受。七哥家龙把二哥的来信，抄在厚厚的笔记本上，编纂为"南方来信"，保存至今。

二哥原名毕家骅，参军后改名为毕光新。他身材高大，相貌英俊。解放前他靠自己勤工俭学，从上海交通大学毕业后，加入中国人民解放军第四野战军。二哥的阅历丰富，为人善良，交际甚广，当时全国闻名的少儿科普专家高士奇定居福建，他们互为座上宾。

"文革"中，二哥因大哥在台湾和社会关系复杂，受到冲击，身体遭到严重摧残。1974年在他病重住院时，我和七哥家龙去探视，福建省立医院的医生、护士都说二哥了不起，住院期间，上至省领导、社会名流，下至平民百姓，探视者络绎不绝。

二哥的邻居说："我们四个同事住在同一栋小楼，情同手足，一到星期六，我们四家人都聚在一起，共进饭餐，邻里之间互相关爱，亲密无间。我们就怕和你二哥上街，他朋友多，走三步就有人和他打招呼……"这些足以说明二哥的人格魅力。

记得我读小学五年级，二哥回家，给我买了一件时髦的"的卡"中山装，当时我不满意，认为太长了。二哥对我说："买一件衣，你要爱惜穿，你正在长个子，可以穿几年，新三年，旧三年，缝缝补补又三年，这样既可以节约，又可以养成艰苦朴素的精神……"后来，这件上装我从小学一直穿到中学，初中毕业，分到工厂后，我还在穿，这是二哥谆谆教诲所致。

同时，二哥买了一套理发工具，叫我们弟兄三人互相理发，说既可以节约钱补贴生活，又掌握了一门技术。我们弟兄三人都会理发,就是在那种情况下学的。

二哥自1959年到1972年13年间的汇款,现在算来不过五千余元,可是在20世纪六七十年代,城市人均生活费每月8元,工厂学徒工每个月工资只有8元的年代里,当年每个月30元的含金量是21世纪人民币含金量的多少倍就可想而知了。

除此之外,二哥每月的一封家书更是情义无价。要不是二哥从物质到精神上体贴入微的关怀,我们岂能健康成长,岂能有今天之成绩。

古人云:"长兄为父,长嫂为母。"此话不虚矣!

最后,我不能不提及我的二嫂余建华,她是福建名门望族的后代,是福建妇幼保健专家,是中国妇幼保健专家林巧雅的好友,是国务院前副总理李先念夫人林佳楣的挚友。"文革"前,林佳楣乘李先念出访之机,赴福建私访二嫂。

二哥问二嫂:"为何一天未归?"二嫂只能实情相告:"陪林佳楣一天。"

二哥大吃一惊,副总理夫人到福州,此事非同小可,立马向主管部门作了汇报,并狠狠地批评二嫂。

二嫂却笑着说;"我们这些技术人员,不懂接待程序和接待规格,学姐看看学妹很正常。她叫我不能跟任何人说,我只能照办……"七十多年前毕业于教会学校的二嫂,今年已是89岁高龄,若是谈及此事,依然记忆犹新。

更为可贵的是,在二哥长达13年资助家庭的事情上,她从来没有一句怨言,并随二哥多次举家奔波回家看望。

在高井头居住的知晓我家情况的街坊,无不称赞二嫂是中国"贤妻良母"的楷模。

二哥逝世已三十余年了,每每想起二哥的音容笑貌,我总是深深地感到"世间最难得者兄弟"也,我为有这样的二哥而骄傲!

2015年8月3日

送女儿上学

1995年5月,我报名到县里去挂职任副县长,市纪委有三名候选人,干部问题是个严肃的问题,谁也不能保证报了名就能通过。因此我一直按部就班地上班下班,送女儿上学。

1995年9月初,市委常委会通过了下派干部名单,我名列其中。市委要求9月18日前,全部到岗。

这个消息对于我来说既喜又忧,喜的是好不容易解决了副处级,忧的是女儿才上二年级,女儿上学的问题如何解决。

高中时代的毕元君

母亲年事已高,岳父母在外地工作,经济条件又不允许请保姆。落实女儿上学的问题迫在眉睫。我与妻子商量,决定在短短的一周内培养女儿的自理能力。

前三天,我陪女儿乘公交车上学,在车上,我一一叮嘱女儿怎样上车下车，怎样换车，怎样过马路。女儿幼小的心灵里，知道以后上学放学将要自己一个人乘车，感到无依无靠，有种忧愁心理。我怎么说，她只是茫然地胆怯地"嗯，嗯"，没有一句话。作为父亲的我，见女儿如此心态，心里有说不出的担忧。

公交车一站又一站，乘客上了又下，下了又上，女儿扶着座椅靠背，心事重重。想想别人家的孩子五六年级甚至上初中都有人接送，我心里很不是滋味。

三天后，我和妻子叫女儿自己乘车上学。女儿犹豫不决地背起书包出门后，我悄悄地跟在其后。只见她那弱小的身躯，背着书包走出了湖滨新村，然后顺着围墙向车站走去。

她走得很慢，走走停停，停停走走，不时回头张望。她那沉重的步履、孤单的身影，让我强烈地感受到女儿当时那种无助中夹杂着期盼，胆怯中渗出几分忧郁，惆怅中流露出空荡的心情，令我欲语哽咽。我噙着泪花，踏着自行车，既怕女儿看见，又怕碰见熟人，躲躲闪闪地穿行。

过马路了，还不错，女儿知道两头张望，快步走过去。然后又是一步三回首，一步一思索。她小辫子上的蝴蝶结，一摆一摆地招人喜爱，不时引起行人的关注。走到公交站后，候车的乘客都在张望等待。只见女儿扶着候车亭的柱子，在想什么。公交车到了她全然不知，等大家一哄而上，女儿才恍然大悟，准备上车，只见她抓着车门的边，小心翼翼、战战兢兢地跨上车，还回头张望了一下。

她似乎还沉浸在昨天爸爸送她上学的回忆中。我听见车门"呼啦"一下关上，车就发动了。我想，我女儿可能还没有站稳呀，司机你怎么就开车了呢？

公交车司机不知晓我的心情，他也不可能知道车上还有这么一个"小不点"的女孩子要一个人乘七站路的车去上学。

我不敢多想，公交车开走后，我立即骑上自行车，抄近路以最快的速度,赶到龙山路计委大楼候车亭旁观察女儿如何下车到学校。

我把车刚刚停稳锁好,公交车就到了。计委大楼一站,下车的人特别多,好一会儿才看见女儿从门边挤出来,只见她耸了耸肩上的书包,用小手将挤乱了的头发捋了捋,然后看看方向,慢慢地,穿过三个路口,才到四照园街,她一个人跟着熙熙攘攘大人的人流,消失在"四照园"小学的门口。

1995年9月15日,女儿上学第一次一个人乘公交车成功了,这一天离她8岁的生日还有9天,我记住了这个难忘的日子。

女儿毕元君(摄于2017年12月)

上班后,我怀着复杂的心情,忙着移交工作。不一会,快到11点了,我知道女儿快放学了。于是,我站在办公室的窗口,盯着办公楼对面的孝肃路8路公交车的候车亭。11点这班的8路车走了,女儿没来,我把头伸出窗外,还是不见女儿的身影。

不一会，一些家长接学生回家的身影出现在马路对面的人行道上，紧接着我看到了女儿系着红领巾，背着书包，拎着水壶，慢慢地走到候车亭旁。这时候，候车亭只她一人，她朝着马路对面的市委大院张望，因为以前每天放学都是她一个人走进这个大院，然后，我骑自行车带她回家。

从那天起，这个大院对于女儿是多么的遥远，多么的陌生呀！她朝这边看了良久，孤寂的氛围缠绕着她。我站在四楼的窗口注视着她，她那种落寞的神态、那种渴望的企盼，显得她那样的弱小，让我心里发酸，我的泪水刷刷地流了下来，我别过头不敢再看女儿那孤寂的身影。

不一会儿，公交车喇叭的汽笛传了过来，我伸头看看，候车亭空了。我的心里空荡荡的，公交车载着乘客和女儿驶向远方，可是它载不去我的思念、担忧和牵挂……

时间一晃，就到了9月18日。早上，我对女儿说："爸爸今天就要到县里工作了，爸爸再送你一次……"

女儿默默地"嗯"了一声。一瞬间，她又恢复了往日的神采，背着书包一个人兴冲冲地下了楼。我牵着女儿的小手，她一蹦一跳特别高兴。十分钟的路程，她一连问了我几十个怎么办。

"车没来怎么办？"

"挤不上车怎么办？"

"妈妈没回家怎么办？"

我仿佛觉得女儿几天之内一下子长大了。

不一会，8路车到了，我挤在最前面，扶着女儿上了车，看着女儿弱小的身影淹没在车厢里，我仿佛感到我就要和女儿离别，去异国他乡。不知多少年才能见面的惜别与留念之情侵蚀着我的心。我的心在发麻，鼻子在发酸。正在此时，女儿挤到了窗边，眼睛里流露出无限的惆怅之情，用她贴在窗玻璃上的小手向我告别。瞬间，我的泪水刷刷刷地淌了下来。我不敢面对行人,佯装着看向墙上贴的市政府公告,好长时间,才知道向家走去……

这情景,多少年来,在我脑海里怎么也驱散不了,总有一种隐隐的惆怅掠过心头,有时候连我自己也不知道为什么情绪黯然。

那段时间,心中时刻挂记的不是女儿的学习成绩如何,而是她的安全!因此,很多的事和很多的物都能引起我对女儿的牵挂。碰见马路上背着书包的孩子,天气骤然变冷或是下雨前夕,看见商店卖的书包、练习本,甚至吃饭前的那一瞬间,表情因绻缱的思念而变得凝滞,往往在这个时候,别人不得其解,以为我工作上遇到烦心事。就这样,我总是以一个复杂的心情迎来每一个清晨,送走每一个黄昏。

在我离家不久,有一天放学,女儿刚刚开门,邻居家有一个患有轻微精神病的十四五岁的初中生尾随欲入,我女儿一边用身体顶住门,一边大声哭叫。此时楼梯响起了咚咚的脚步声,这个学生慌张逃去。

还有一次,女儿为了赶公交车,快到车边欲推门,车子发动的惯性将女儿摔在了公交车的下面,众行人大声呼叫幸免于难。

在以后的日子里,女儿曾经遇到许多困难和挫折,均平安无事,冥冥之中,似乎有天意保佑我的女儿化险为夷,平安成长。

笔者母亲与女儿的合影(摄于1995年笔者下派至太湖县挂职前夕)

在这里，尤其值得一提的是家住小区对面、市第一人民医院宿舍的贾奶奶，她老人家上班经常与我女儿同行，像亲奶奶一样关照我女儿，以及市纪委的王贵东夫妇等许多同事和一些路人朋友都曾经热心关照过我的女儿。他们这种无私的爱，使我安心在太湖县工作了9年，让我能够把更多的爱转化为对贫困山区老百姓的帮助，让山区人民感受到政府的温暖。

2003年1月，我离开太湖县时，两百多群众冒着严寒举着横幅为我送行，我深深感受到了爱的回报，爱的真切，爱的感人，爱的魅力，爱的深沉。

我女儿也没有辜负爸爸妈妈以及许许多多不熟悉的爷爷奶奶、叔叔阿姨对她的爱，以672分、安庆二中第二名的优异成绩考入了安庆一中。

女儿长大了，可是送女儿上学时的情景，铭记在我脑海里是那样的清晰，永远不会淡忘。

2003年6月1日

浦东机场送女儿

达美航空公司的飞机开始验票,五六百名的旅客中,百分之九十八的旅客都是外国人。

我们一家三口夹杂在等候验票的队伍中。候机大厅里不时响起播音员用不同国家的语言播送着起降航班的信息。

在近三个小时的等候过程中,我和妻子对女儿要说的话,仿佛都已经说到位,又仿佛有许多的话要说。后来谁也没有说一句话,

笔者一家三口(摄于女儿出国留学前的宴会上)

只是默默地跟在排队检票的人群中，往前移动。

我知道，我们一家三口，无论谁开口，都会是"酒未到，先成泪"。离别的痛苦压在心头、担忧的心绪不能流露、欲滴的泪水咽在肚中。脸上佯装成无所谓的表情，不敢多看女儿，生怕在对视中将眼眶浸湿。

在验票的行列中，有一个湖北的男孩一直在哭泣，为他送行的母亲更是泣不成声。

这种情形，惹得我心酸酸的，我连忙转过身，妻子也呆呆地立在那儿，女儿佯装没看见，把随身携带的行李往前挪动。

我想，我们不能被这对送行的母子的行为影响了情绪。

于是，我主动和那个男孩的父亲交流。谈这谈那，尽管互不相识，但此时都心有灵犀，因此，我们谈得很投机，旁边的那对母子还是凄凄切切。

女儿出国前的家宴，与二伯毕家龙

轮到女儿验票了,她回头向我和妻子招招手,提起几个行李包,票验好后,头也不回,很快就走过安检通道。

此刻,我的心房猛烈地抽搐了一下,仿佛谁在用锥子在我心上锥了下去。妻子慌忙地跑到玻璃隔离带前面,对登机口长时间地眺望,眼泪唰唰地说:"这孩子,跑得这么快,头也不回。"

我知道女儿的想法,她怕我们伤心,所以她二话不说,如此迅速地离别。

而先于我女儿验票的湖北男孩的母亲,此时已经哭成了个泪人,男孩的父亲低声悄语地在安慰着妻子。

我和妻子此时也是泪水满面,这时候,我的手机响了:"爸爸、妈妈,你们回去吧!"手机那边传来了女儿的抽泣声。

"女儿,多保重,注意安全。"我不敢多说,眼泪刷刷地往下流。想当初,我

与大伯毕家顺、大妈朱茂炎

与二妈舒寿荣

与大姑毕家凤

与三伯毕家宝、三妈金玉兰

送女儿赴浦东机场,右一为大姑

去北京读书,带了一点点行李,从北京火车站再转乘到怀柔县的火车时,我一个男子汉都感到困难重重。而女儿小小年纪漂洋过海,并且带两个大行李包和几个小行李包,坐二十几个小时的飞机去美国,到底特律还要转机,才能到达得克萨斯州。人生地不熟,想到此,我忍不住更心酸了。

我默默地祈祷着:但愿有好心人在我女儿最困难的时候,能够帮她一把。这是我和妻子那几天最大的奢望了。

离别的前一天晚上,我们为女儿饯行,家宴的气氛里掺杂着惜别和担忧。女儿这一去，可能要数年才能学成归来，或许就留在了美国工作。尽管我们对女儿的前途充满信心，但是，几种复杂的心情交织在心头，难于言表。人生就是这样，天天在一起时，无所谓分分秒秒，一旦亲人要远走高飞，尤其是到异国他乡，离别前真是"寸金难买寸光阴"啊！我只能安慰大家，没有离别，哪有团聚？没有离别，哪有前程？没有离别，哪有跨越呢？

此时，我失魂落魄，但又强作镇定地对妻子说："走吧，女儿已经远走高飞，她要去实现我们没有实现的理想。"

我们乘坐的行李车，离开机场不远，就停了下来。我和妻子以及侄女婿周武庆，仰天眺望，等候飞机从天上飞过。好长时间，一架"空中客车"呼啸着从我们头上飞过，望着消失在云层的飞机，我心绪激动地说："海阔任鱼跃，天高任鸟飞。祝女儿学业有成、四季平安、衣锦还乡！"

2010年8月10日

过年

一

过年,在中华民族五千年生生不息的生活进程中,是最神圣、最隆重、最幸福的节日。

1991年春节全家福,后排右起:钱锋、毕家祯、李明,中排右起:岳母汤慧玲、岳父刘庆波,前排右起:刘卫红、刘晓平、毕元君、刘军

在过年的日子里,我们会清晰地感到在生命的长河中,有一条源远流长的河流在奔涌,那就是亲情。

人们常说,有钱无钱,回家过年。这说明,钱对于过年是无足轻重的一种符号,沉甸甸的是那看不见、摸不着的"情"。这是一根几千年来穿在人们心头、流淌在人们血液中、代代相袭、永远扯不断的情丝。古老里蕴含着新鲜,新鲜里蕴含着古老。它有多少值得怀念和回忆的东西慰藉人的灵魂啊!

相传"年"是中国民间神话中的一种恶兽,一到年头岁尾就下山侵害百姓。"年"一来,牲畜死亡、树木凋零、百草不生,"年"一过,人畜兴旺、万物生长、鲜花遍地。后来,古人发现"年"怕火、怕红色、怕响声。于是,就有了燃爆竹和贴春联的习俗。赶走了"年",人们纷纷置美酒佳肴,以示庆贺。这个习俗就这样延续到今天。

今年过年,天气晴朗。我们一家在合肥岳母家过年。岳母家的空气中弥漫着美味佳肴的香味,客厅里,晚辈们有的在打牌,有的在看动画片,室内充满了喜悦的氛围。

二

此情此景,让我想起了我母亲说过的旧时家里过年的情景。

笔者一家在菱湖公园灯展(摄于1992年春节)

过年时，大门口、庭院的过道和其他醒目的地方都挂起了红灯笼。家中的条台上、茶几上，客厅里、书房里都摆上了造型古朴、苍劲的梅桩。体态秀美、枝头长着含苞待放的花朵，散发着淡淡的幽香，为过年增添了闲情雅趣。条台上还摆放了爆竹、名酒、蜡烛等。

笔者在合肥翡翠公园（摄于2012年春节，李明摄）

客厅的正面悬挂着蒲松龄绘的山水画。条台前摆放了一张方桌和两张太师椅。东西两侧相对应摆放了两张雕花木椅和茶几，茶几上摆放着花卉盆景。客厅对着天井敞开，但有木制的活动门，可推到两边，也可以关起来。客厅中间有两个火盆，客人来时将其移到椅子前面，供客人取暖。

所有房间的窗户都贴上了窗花，有喜鹊登梅、五子登科、人寿年丰、招财进宝等。

廊前石阶上长年摆放的四季不同的盆景花卉都适时会进行调换，主要在"大房""二房"以及叔伯家之间调换。这几家都住在前牌楼一条街，门庭各异、庭院相通。只要把院墙之间平时不开的院门打开就行了。母亲说，光是调换、摆放这些盆景花卉都要一天时间。

大年三十，晚辈们都穿着新衣，戴着新帽，有的在院子里燃放烟花爆竹，有的在帮忙挂灯笼，有的围着八仙桌在捉老猫，胆子大的趁人不注意，一瞬间将卤肉塞到嘴里。老祖母坐在太师椅上"嗯"一声，几个孩子一下子全跑到大堂间去了。

这个时候是厨房最忙的时候，空气中飘荡着美味佳肴的气味和爆竹燃放后淡淡的硫黄味，并不时传来大人们的叮嘱声。孩子们玩得最开心、最尽兴，连平时最听话、最乖巧的孩子都把大人的叮嘱抛到脑后去了。

笔者一家在桐城岳父岳母家过年（摄于1989年春节，刘卫红摄）

下午，长年在外的祖父从外地匆匆赶回家，到家第一件事就是在家中绕一圈，看看年饭准备得怎么样。见祖父回来了，家中的佣人按照他的要求，把平时很少用的八仙桌抬到了大客厅的中间，摆上只有过年才用的景德镇的餐具。餐厅在一百只光的电灯泡的映照下熠熠闪光，将客厅辉映得蓬壁辉煌。桌上的大盘小盘装满鸡鸭鱼肉和各种菜肴，冒着热腾腾、香喷喷的热气，一个个擦得锃亮的酒杯里盛满了酒水。

祖父发放了几个佣人一年的薪水和红包，让佣人们回家过年。接着，他就带领全家人烧香拜祖祭祖。然后，祖父回到房间里，准备派发给晚辈的压岁钱和从上海等地带回来的礼品。孩子们都在祖父的房间外面叽叽喳喳地议论着自己会等到什么样的礼品。

等到放了年夜饭的爆竹，祖父发言后，年夜饭在其乐融融的氛围中开始，全家人尽情地享受着吃年饭的幸福，喜悦的氛围把餐厅渲染得格外温馨。

吃完年饭，贴好春联。祖父从房间里拎出一个行李包，叫十几个孩子在里面抓阄拿礼品，然后长辈们再给晚辈们发压岁钱。母亲说："祖父治家很严，尽管很富裕，但一般压岁钱只给五块光洋，余下会给一些从外地带回来的小礼品。为了公平公正地对待每一个孩子，这些礼品皆是通过抓阄所得，因此都是皆大欢喜。"

有时候趁着祖父母心情好，孩子们会打着灯笼，排着队，嘴里嚷嚷着："压岁钱，压岁钱，老佛爷万岁，万万岁！"于是，乐滋滋的祖父母又把压在枕头底下的红包拿出来，但是祖父不会白给的。他大声说第一句："爆竹声中一岁除。"大一点的孩子异口同声："春风送暖入屠苏。千门万户曈曈日，总把新桃换旧符。"小一点的孩子跟在后面，虽拿不到红包，但能得一些小礼品，也高兴得屁颠屁颠的。

对于大人，平时一概不许打麻将，是一条家规。过年是特例，男人可以打麻将，但不能赌钱。女人可以打麻将、推牌九，可以来点小钱。但男人不能参加，因为男人一开赌，就有可能一发不可收拾。女人开禁也只是在大年三十到正月十五这一段时间，同时只能局限于家庭内部。因此毕家的男人上下几代人都求上进，不赌博、不吸烟、少喝酒，事业都有成。

三十晚上守岁，外面偶尔传来此起彼伏的爆竹声，尽管室外大雪纷飞，天寒地冻，但大堂间里，大家烤着火，喝着茶，吃着瓜果，或打麻将，或推牌九，或侃侃而谈风土人情、历史掌故，空气中充满了无限的喜悦和温馨。

等到下半夜，大家都回到各自的房间，偌大的庭院才安静下来。各个房间亮着的灯火和堂间、过道、门庭的灯火互相辉映，使醒目处悬挂的灯笼格外红火。

回想母亲说的过年的往事，听着窗外铺天盖地的爆竹声，闻着空气中飘荡的刺鼻的气味，看着窗外满地的爆竹残骸，所以一时间，过去春节我所经历的大家庭团聚的温馨画面像看电影般在眼前一一闪现。

三

过年，童年时过年最快乐也最难忘。我小时候过年下大雪的日子多，经常是年关将至，大雪纷飞，一直下到年后。十几厘米厚的雪褥，将世界变成一片白色。雪的世界雄浑、纯净、典雅。美得尊贵、美得厚重、美得悠远。这种氛围与过年这种特殊的日子融合在一起。让人们有着意想不到的惊喜，同时又成了难以忘怀的旧梦。

如果年关不下雪，或者雪下小了，人们还抱怨："这冬天不够味，过年下大雪多好啊！"

大杂院的空地上，成了孩子们的游乐场。开雪仗的、堆雪人的、放爆竹的、帮大人烧炭火炉的……我和几个哥哥在家门前一左一右堆了两个雪人，用煤球做眼睛，并给雪人系上旧的红领巾，同时，找两根棍子插在雪人的手臂上，挑起两个红灯笼。

当我们赶在吃年饭前完成这杰作时，身上披满了雪花，母亲用鸡毛掸子轻轻地把落在我们头上、身上的雪花荡去。那状如梅花一样的雪花，落在身上不会融化，也没有寒冷的感觉。也就是现在人们说的"下的是干雪"。雪趣,将年味搅得浓于甘醇,让人心里都有着一份喜悦。大人们的口中往往油然冒出:"丰年好大雪,珍珠如土,金如铁。"我们一般大的孩子听了觉得新鲜、吉祥、美好。

吃过年饭,母亲让我们换上新衣,并且一再叮嘱不要把衣服弄脏了。

我们兄弟姊妹几个穿着新衣,高高兴兴地在一起玩耍,母亲却利用这段时间把我们换下来的衣服洗干净。

更多的是大年三十晚上,邻居饶哥哥和金哥哥会到我家打麻将或打四十分。一张方桌子,底下放着火盆,平时吊得高高的电灯泡,此时被放得很低,悬在桌子上方。每个人的身旁放一个杌凳,杌凳上摆有花生、瓜子、蚕豆、茶水等。

我因为年纪小,就和小伙伴上街玩,等到在外面转了一圈回家时,杌凳上的花生、瓜子、蚕豆都被吃得干干净净,地上净是瓜子壳和糖果纸。这个时候,母亲又端上热气腾腾的炆蛋,大家打了一夜的牌,肚子都饿了,每个人吃上几个炆蛋,惬意地回家休息了。

第二天早上,各家各户门前的雪地上,这里一片、那里一块的爆竹残骸格外醒目,只有天井里、庭院里是一片洁白的雪。

雪花飘飘,仿佛是一种预兆,等到雪花飘落得最欢的时候,就过年了。儿时年关下大雪,为过年营造了一种特殊的氛围,年味也特别的浓郁。就像鲁迅笔下的鲁镇过年,如果没有大雪纷飞的陪衬,在读者心目中的印象就淡薄得多。

因此,过年下大雪是撩拨人们回忆幸福的一种美好的凭借。

四

由于气候变化,这么多年来,过年很少下雪,就是偶尔下雪也都是小雪或者是雨夹雪。今天是大年三十,那明晃晃的太阳,让人们对过年的情趣减少了许多想象的空间。过年不下雪，人们也就无须像过去那样准备许多菜肴，从大年初一吃到正月十五了。

尽管年味淡了许多，但万家团聚，亲情交融的幸福感不减当年。就像今天晚上，岳母一家人吃完年饭后，长辈们就开始向晚辈发压岁钱了。压岁钱是过年古老的仪式中孩子心中最期待、最高兴、最兴奋的凭借，也是薪火相传的载体。

在长辈和孩子们一递一接的过程中，多少甜蜜、多少憧憬、多少希望在他们心田弥漫。这难道不是大千世界、生生不息的一种传承、一种接力、一种昭示吗？

在千家万户其乐融融的氛围中，一年一度的过年，随着中央电视台春节联欢晚会落下帷幕，又消失在时光奔流的长河，成为温馨而甜蜜的回忆。

于是，过年中许许多多的人和事，许许多多的温馨画面，都嵌入人们的记忆中。

过年是把最古典的仪式，传递到了现代社会的标志。尽管过年的形式大同小异，各有特色，但过年的氛围却不尽相同。年年岁岁花相似，岁岁年年人不同。在中国农历众多的节日中，五千年多年来最隆重、最热闹、最幸福，最令人回味无穷、历久弥新的节日，就是过年了。

过年是中华民族千秋万代最古老的图腾。

2018年2月3日

岁月

年头岁尾,尤感光阴如梭,岁月的脚步匆匆。

其实,岁月的脚步永远都是节奏均匀、按部就班的。它在任何时候,对待任何人都是公平、公正的。

笔者一家在菱湖公园(摄于1990年8月)

但是，一旦你将感情的色彩浸染其间，它就会随着你感情色彩的变化而发生变化。你感觉它快它就快，你感觉它慢就慢。

生活窘迫、情绪低落时，你会感到岁月的脚步是如此缓慢、如此沉重。

春风得意、财大气粗时，你会感到光阴如梭，岁月的脚步怎么如此匆匆；

儿时，你觉得它很慢很慢，年老时你觉得它很快很快……

大哥大嫂结婚照（摄于1942年前后）

笔者与大哥、大嫂、大姐、四哥（左起：大姐、四哥、大哥、大嫂）（摄于1996年4月30日）

笔者(左)与哥哥家宝(中)、家龙(右)(摄于儿时)

回顾人生,静观红尘。岁月不因为你贫穷而变得缓慢;也不因为你富有而变得迅达;不因为你小而漫长,也不因为你老而短暂。我曾经反复思索,觉得还是陆游说得好:"春盘春酒年年好,试戴银幡判醉倒。今朝一岁大家添,不是人间偏我老"。可谓是普天同庆,天增岁月人增寿,人间正道是沧桑。

有人说,岁月是把雕刻刀,永远无休止地雕琢着世间万物,也镌刻着形形色色的人生,此话有理。但我认为岁月也可以说是帖安抚剂。

三兄弟在父亲工作过的东流县邮电局门前留影(摄于2017年春)

三兄弟参观南京博物院（摄于2023年10月20日）

当你遇到困厄时，它会安抚你"自古英雄多磨难，历经艰辛方成才"；

当你趾高气扬、颐指气使时，它会安抚你，顺境当作逆境想，上台终有下台时；

当你受到无辜陷害、无情摧残时，它会安抚你，历史自有公正。

无论你顺逆得失，岁月都会安抚你，教你从容面对、淡定自如、达观以处世、宽心以养性。

江流无尽，时光无穷；人生苦短，岁月无常。往事如烟，旧梦难寻。扪心自问，是否愧对了流光短暂、岁月静好。

岁月是一面镜子，照出了生活的美好，照出了世态炎凉，照出了丑恶，也照出了高尚，照出年轻，也照出了衰老……岁月的流逝是不可抗拒的，"假如岁月欺骗了你，不要忧郁，也不要愤慨！不顺心时暂时克制自己，要相信快乐之日就会到来。我们的心儿憧憬未来，现今总是令人悲哀；一切都是暂时的。转瞬即逝，而那逝去的将变为可爱。"（普希金）

岁月如歌，青春美好。我怀念我度过的青春岁月，虽然那个时

2024年5月兄弟三人摄于鼓浪屿贝蜗别墅

候我在事业上呈上升之势，但在那个美好的岁月里，我依然不忘初心，勤奋学习，努力工作。都是岁月给了我的启迪，都是时间给了我的痛感，都是书本给了我的希望，所以我赢得了岁月，驾驭了时间，滋润了人生。

新年伊始，万象更新。岁月的轮回没有终点，更不会停滞。流光飞逝，是奋进的号角，是无声的鞭策，是震耳发聩的战鼓。面对岁月流逝的巨大冲击力，让我们把迟疑变为果敢，把失意写成坚毅，把消极转化为积极。为生活配乐，为流年添彩，为人生加油。阔步前进，承接未来。

今夜，我默然独坐，我的心很平静。我没有什么可懊悔的，因为"春有百花秋有月，夏有凉风冬有雪。莫将闲事挂心头，便是人间好时节"。

2017年12月31日

黄昏

说到黄昏，几乎所有的人都有同感，最有趣的是黄昏，最难忘的是黄昏，最有诗意的也是黄昏。在我的生活中，短暂的黄昏，有着无可比拟的好。身置于黄昏，心灵仿佛就被美好的时光浸润。

黄昏在人们脑海中的忆念是生活中一种审美印象的圆满和镌刻。黄昏的迷离、晦明变化将人生途中多少美好的往事蕴藏在一片温情中。

我站在江畔，江南郁郁葱葱的防洪林把透过的夕阳过滤成金绿色，鸟儿在静谧的天光中欢快地飞翔。此时的江面浮光跃金，静影沉璧，水随天去秋无际，天水之间的秋光将时空渲染得高远而又明润、静谧而又安详，这是对黄昏最为贴切的一种感受。

笔者的黄昏远眺（摄于2019年9月，余家平摄）

"碧云天,黄叶地,秋色连波,波上寒烟翠。山映斜阳天接水,芳草无情,更在斜阳外",这是灵动的自然,它的美妙、它的韵味、它的光晕,惹人多情,就像此时"我见黄昏多妩媚,料黄昏见我应如是",真真是人与大自然心有灵犀的感应。

千百年来,人们视一天当中最美好的就是黄昏,因此,无论是历史版本,还是现实版本;无论是年少的黄昏,还是暮年的黄昏;无论是春夏秋冬的黄昏,还是风晴雨雪的黄昏,都是人生难忘的美妙时光!是不是可以这样说,品读黄昏,不仅仅是品读山水、品读光阴、品读沧桑,更是品读人生。

回首往事,在经年累月的流连忘返中,我们曾经体验过"月上树梢头,人约黄昏后"的兴奋;享受过"东篱黄昏把酒后,有暗香盈袖"的愉悦;品味过"暮色千山入,春风百草香"的幽静。

大概人身置于黄昏中,最容易感受一天之中光阴的积淀,总是

沙漠黄昏(龚心瀚摄)

女儿家后院的黄昏时分

有几分柔情、几分迷离、几分朦胧。否则怎么会感知每一棵夕阳中摇曳的枝条，都具有诗情画意；每一个夕阳中的身影，都有美好的故事；每一缕光线的映射，都让人感到异样呢。触景生情的是，黄昏的画面具体到某种气味、某个狭小的空间或者天地之间氤氲的山岚、炊烟，似乎在一瞬间可以让你回忆起经历过的、难忘的、美好的黄昏而情意缱绻。

眺望江南防洪林深处农舍上空飘浮着缕缕炊烟，一瞬间歌曲中"又见炊烟升起，暮色照大地"的韵律在心田荡漾，脑海里却腾起了儿时大杂院黄昏时，家家炊烟袅袅，炒菜的气味在空气中飘荡的画面以及儿童的玩耍、奔跑、雀跃的画面和那老气横秋的平房，几棵百年以上的榆树，天井，大堂间，小花园。今天这些都在我们的生活中坍塌，在黄昏中永远消失了。

回首往事，儿时的黄昏恰如邓丽君的歌声甜润曼妙，在夕阳和

江畔黄昏（作者摄于2023年7月）

暮霭中透着暖暖的亲切和温馨。

黄昏总是让全世界每个角落都滋生出温馨浪漫的美妙空间。无论是在华丽的都市，还是在穷乡僻壤；无论是在广阔的草原，还是在狭仄的小巷；无论是在异国他乡，还是在江南水乡或自家庭院……黄昏中夕阳和暮霭交融形成的光晕，让这一切仿佛成为夕阳里的海市蜃楼。江畔随处可见散步、跳舞、闲聊、唱卡拉OK和观光的人的身影。我相信，在我足迹未到之处，仍有美景佳境在那儿等候着我。

我的心微微地醉着，幻想中黄昏仿佛是我的梦中情人，可望而不可即，荡漾着无法用语言描述的神秘与美妙，让我们萌发出美好的意念。让人心甘情愿地等在"落霞与孤鹜齐飞，秋水共长天一色"的江畔；在"大漠孤烟直，长河落日圆"的塞北；在古罗马斗兽场的残垣废柱前……冥冥之中似乎有一种勾心引魂的氤氲在眼前飘浮，若有若无，若即若离。我身处江畔，美美地感受着黄昏中美妙的瞬间。

妻子刘晓平于意大利威尼斯黄昏（摄于2019年5月）

不知伫立了多久，黄昏把天空抹上了暮色。风在江畔微微地吹拂，像是有一双无形的玉手，撩得人皮肤痒痒的，太阳的余晖渗出来的光波氤氲，给人以温存的爱抚、甜蜜的柔情、恬静的意趣，仿佛是刚刚与恋人分别的少女，露着愉悦、羞涩和妩媚的笑容。让我们往往以浪漫的心情去观摩它那淡然的姿态，陶醉在它那缥缈的天光云影中。

黄昏逝去得快，美好的东西似乎都很短暂，不如把黄昏的美妙镌刻在记忆里，使其成为在时间流逝的河流上从容看风景的难忘的航行。感悟在四季流年里，每一个黄昏的明润祥和，每一种生命的美好律动，每一次心随境转时的神思跳跃……

"芳草茵茵年年绿，黄昏重重阵阵烟"，沉浸在黄昏里，游踪连连，梦萦不断，意驰神往，感到自己思绪的触角已经辐射到很远很久的地方。

于是，看多了水泥城市千人一面的建筑，总是感到江畔的黄昏有一种历史与现实的完美结合；人文与自然浑然一体的宁静与美好；有一种黄昏无限好，为霞尚满天的喜悦。

随着夕阳的下沉，柳冥江畔，芳草斜阳，缘江而去郁郁葱葱的防洪林，在水面的倒影清晰明净，越来越有韵味。一艘船舶驶过，搅碎了水面蓝天白云和防洪林的倒影，高耸的振风塔塔影在金黄色的涟漪中随波摇晃。

眺望振风塔上游人的身影，想到古人将一块块青石磊成如此雄伟壮观的振风塔，历经五百年风雨而巍然屹立，令人叹为观止的是尽管变换了时空，但我们依然真切地感受到它的魅力。从这个意义上讲，这无疑是黄昏中更高境界的美。

不一会儿，随着汽笛声的消失，水面恢复了平静。黄昏中江面出现的这种周而复始的画面，有时候让人不忍离去。长时间面对水中的倒影，有着仿佛时间静止一般的感觉。

"水随天去秋无际"的开阔，让人们的思维最敏悦，心情最愉悦，精神最活跃，遐想最丰富。我们的先人很早就注意到，大自然中黄昏的晦明变化，对人的情愫的变化有着巨大的影响，诱惑人们沉浸在黄昏的天光云影中。

因此，黄昏自始至终都浸淫在文学、散文诗歌中。在浩瀚的文学作品中，时不时闪现出描写黄昏的美文佳句。"黄昏独倚朱阑，西南新月眉弯""梳洗罢，独倚望江楼。斜晖脉脉水悠悠，肠断白蘋洲""恼乱横波秋一寸，斜阳只与黄昏近"。无论是文人骚客，还是下里巴人，或是寻常百姓，黄昏给人意念上的冲击，视觉上的映射，心理上的滋润都是唯美的。

随着暮色苍茫，远山近水、行舟浮云，防洪林有着一种朗润的韵味，有着即将融入朦胧前的清晰，就在这不经意之间，我看到夕阳的余晖落在江畔柳树的树冠上，将一抹鹅黄留在了树梢，远远看去是一排望不到尽头柳树的树梢，在夕阳的余晖中晃弄着橘黄色的

笔者夫妇于侄女毕砚的别墅前（摄于2023年6月，毕家龙摄）

光晕，互相映衬，连成一片。大概黄昏达到极致的妙境就是夕阳演绎的这种况味吧。

我以为，恰恰就是这种光韵的氤氲，给人以最温馨、最柔润、最温婉的感触，让人深切地感悟到，哪里是什么岁月静好，是因为黄昏演绎了千种风情，万般美好，才使我们潇洒浪漫，仪态万方！

黄昏消失了，消失在天边的水面。江畔渐渐地清静下来，游人去而夜色起，三三两两恋人的身影登场了。

生活就是这样，该去的若不去，该来的就不会来。逝者如斯，

笔者夫妇于意大利罗马黄昏（摄于2019年5月）

才能生生不息。

月亮把自己定位在江心之上，久久不愿移动。江面澄澈如洗，桥面车灯如梭。我在月光中悄然独立，万情皆忘。"且把阴阳仔细烹"，长以此，过平生。因此，几乎每个节假日在江畔静静地享受黄昏的美好，实在是岁月静好的神仙境界矣！

可是光阴荏苒，黄昏美好，谁又能抵挡得住黄昏匆匆的脚步呢？

2020年6月21日

明月空灵

今夜,是一个"海上生明月,天涯共此时"的日子。月的圆润、清亮、梦幻给人一种隽永空灵的意境。让人遐想、让人沉醉、让人流连、让人恍入梦境。

夜月一帘幽梦,秋风十里柔情。天籁的悸动和大地的胎音,在撩拨着月夜的琴弦。犹如小提琴上奏着的名曲,缓缓地流进心田。我仿佛在静听这美妙的旋律,尽情享受年年今夜月华如练,长是人千里的美好时光。

防洪墙上的亭榭长廊、长江大桥镶嵌的灯火、港口停泊的客轮,眼所触到的景观,无不在月光的笼罩下,漾出温润的光晕。而江南的防洪林由白天的郁郁葱葱变成一片墨绿。那墨绿丛中,闪烁的灯火,这里一星,那里一点,这里一束,那里一片。它们仿佛是夜的眼睛在注视着"月出于东山之上,徘徊于斗牛之间。白露横江,水光接天"的夜空。

仰视防洪墙上莲花灯像一朵朵鲜艳的莲花在夜空中绽放,在煦丽的光晕中,散步的人你来我往,有倾家而出,有朋友散步,也有外地游客倚栏远眺。他们极为闲逸,以适意为悦而流连忘返。

我走在岸边,沿途经过江畔休闲广场,舞会正是高潮。众多的舞者,踏着圆舞曲,像江水一样起伏,像漩涡一样旋转,女士们的

裙摆在秋风中像孔雀开屏。

江畔的柳树在月光中摇曳的身影，充满风情，叶面就像浸润了黄油一样，油腻腻的，近看更显风致。每一片叶子静静地散发着一种淡淡的清新气息，叶面流淌着不可捉摸的清亮光晕，叶子在摆动时，月光就像一道手电筒的光亮掠过叶面，又像舞女们月光下裸露的手臂在发亮，更像是晚会主持人站在幕前的聚光灯下闪现的脸庞。

等我缓缓地走到江畔公园，这里的广场舞已是曲尽人散，一股清新的草木气息和水腥气扑鼻而来。开阔的广场用大理石铺就的地面，月光洒在上面，犹如被雨水冲刷过，像镜子一样在反光。不远处的几组雕塑展示着安庆作为全国近代工业发源地的骄傲，再远一点用土堆成丘，有石阶达到人工假山，假山中间竖有一巨石，刻有"清风明月"几个字。

在月光下，让人感到颇有韵味的是，那沿着防洪墙逶迤而去的、郁郁葱葱的树木身影一直延续到长江大桥附近，曲径通幽树荫下还有成双成对恋人的亲昵的身影，或挽腰搭背、或牵手慢行、或亲密无间地坐在大理石的椅子上。

江风尽兴地荡漾着它的温柔，风来花香，月照影明。风与月缠绵，演绎出风月无边的浪漫。一草一木、一亭一榭、一塔一寺、一灯一火、一人一影，月华渲染着朦胧、梦幻、奇异、柔润。

静谧的江畔，江风涤尽了喧嚣和人语。唯有江水的"哗哗"声入耳，静听江水吻着堤岸发出"哗哗"的絮语，犹如大合唱中不间断的男女声二重唱，动听，浪漫，优美。让人拥有淡定之闲，直达清明之境。

月光在江面铺出了一条平坦的金光大道，客轮驶过的水面，如金蛇狂舞或蜿蜒如蛇游；不远处离岸边很近的水面，有的明灭如荧光，有的跳跃像碎金细银；有的平坦如镜面，那客轮仿佛是驶向仙境佛国。惹我寻一叶方舟去探寻那仙山琼阁，相信远方人间与仙境

只有一河之隔。

这些恍如仙境一般的梦幻，或伊甸园、或牡丹亭、或云梦台。让人在清静的月光中触动灵魂中最柔软的心事，真真以为如同贾宝玉梦游"太虚幻境"一般感到神奇。

我沐浴在月光里，月光的叠影在林间重重叠叠，枝叶戏月，风吻叶，晚蝉凄切。明月空灵，问谁识，芳心高洁。今晚爱热闹者众，享清静者少，赏月者就更少。我一个人在秋风中徜徉，让身心融进月光，浸染于月色的柔腻，沉浸于静谧之中，遥望明月，"逍遥于天地之间而心意自得"。我想，千百年来多少文人雅士、才子佳人、英雄豪杰曾经在月下眺望、遐想、流连。沉浸在月光如水、水如天的意境里，情愫随着月光的流泻而神思飞越。

于是，我的思绪穿越历史的风尘，脑海中各种影像纷至沓来：

那不是屈原对天长叹"与天地兮同寿，与日月兮同光"；

那不是李白在"举头望明月，低头思故乡"，王维在静观"明月松间照，清泉石上流"；

那不是冰心向我们倾诉:"月下乡魂旅思,或在罗马故宫,颓垣废柱之旁;或在万里长城,缺堞断阶之上;或在约旦河边,或在麦加城里;或超渡莱茵河,或飞越落基山";

那不是朱自清流连忘返"荷塘月色"的温润、静谧、澄澈……

沉浸于这种遐想中,静谧的空间、明净的月光、清新湿润的空气,让人感到,月华敷之于身,快意沁之于心,清凉浸润于体。这种感觉,非在八月十五夜邀明月同坐,备悉其变幻,才能阅尽其妙也!

否则,你总是看不透彻、饱尝不了月夜的风情,也只能领略一个大概的意境罢了。

未染纤尘的月光,剔透、流漾、温润、玉洁。它透着微醺、透着温润、透着明净。

是新月笼眉,神采夺目?是明月高悬,肌凝瑞雪?是斜月清辉,嫩玉生光?

是扯不断的牵挂?是绵绵的相思?是源于心头的爱恋?

如此良辰美景,便是铁石心肠也意惹情牵。那么,何不让我们循着千年的古韵吟诵"月出皎兮,佼人僚兮""今人不见古时月,今月曾经照古人""明月几时有,把酒问青天"。感知明月空灵蕴藉着无法用语言描述的神韵与奇妙,惹人意趣横逸、思绪万千。

今夜,明月空灵,秋风入梦,风月无边,别样情怀。

我怎么又舍得在充满温情的梦中醒来。

2018年9月29日

我喜欢

喜欢从某种角度讲，是一个人的价值取向。一个人爱好甚广，肯定是个热爱生活的人。

我喜欢一个人站在书房的飘窗前，静静地眺望那望不到尽头的水面，更喜欢凝视江边停泊的一叶扁舟在时光的流逝中晃弄，犹如我儿时折叠的纸船在平静的水面划过一池潋滟的波痕一般。因此，我特别眷恋儿时那天真无邪的时代，它总是给我许许多多美好的遐想。尽管在以后的岁月中，很多遐想成为泡影，但我却无法割舍童年时代的美好情怀。

我喜欢站在浪花起伏的岸边，感受激流汹

笔者游览佛罗伦萨（摄于2019年5月）

涌、波涛壮阔的江水，从天边奔腾而来，逶迤远去，那浩浩荡荡的气势令人荡气回肠。让我狭小的心房容下万象云烟，而有深悟，长江自古无直道，何忌他人曲中游。

我喜欢清秋的黄昏，有一种悄然萧索之意。沿江畔散步，有时候映入眼帘的是"落霞与孤鹜齐飞，秋水共长天一色"的景观。静静地享受这份悠远的澄澈，内心的宁静，身心的自由，情感的缱绻，把我的内心世界扩展到远方。这个时候，我心里感到很快活、很惬意。我觉得江畔有一种迷人的美丽与可爱，或许是因为对大自然的喜爱，或许是江畔在儿时就在脑海里留下了美好的印象，或许是因为临水而居的人身心都得到了滋润。

逝者如斯，不舍昼夜。前不见古人，后不见来者。感到在时间的长河里，历史的沧桑仍有回音萦耳，振聋发聩。时光一去不回头，韶华不为少年留。一万年太久，莫回首，唯有长江水，无语东流。

我喜欢雪夜读书，各种类型的书给人不同的启迪和不同的享受。只要手中有书，我就心安情定，无论是叱咤风云的英雄壮举，还是惊天地泣鬼神的史实；无论是抒情优美的诗词文章，还是前赴后继、赴汤蹈火的追求，不乏让人对生命和文化发出叩问和深思。

细究，文化的本源是有生命的，充满爱的温情。我既喜欢儒雅文人的才情藻思，也喜欢文人骚客的风月笔墨。

2023年2月元君和贝娜于湾区家中（刘晓平摄）

因为，我们对生命的尊崇，也是对爱的尊崇。对文化的尊崇，也是对生命的尊崇。只有文化的脉动，才能穿越岁月的尘埃，在历史的星空中熠熠生辉。

可是，因为浮躁、因为喧嚣、因为浅薄，我们往往沉溺于表象的金碧辉煌，而忽略了我们的生命应该更多地承载历史的血肉和精魂。生活中不能没有风雅，世间一切的优雅情趣都源自书籍对我们的启迪。

从我读书、工作的阅历看，三十四年来，社会的变化是巨大的。而文化的变化是很小很小的，甚至是微不足道的。古人喜欢的诗我们仍然喜欢；古人喜欢的文章，我们仍然喜欢；古人写作的技巧我们仍然在学习。

因此，我觉得读书是以不变应万变，几千年来社会突飞猛进，而文化却几乎是屹然不动。总之，只要有人类的存在，文化就存在。难怪父亲从小就教导我们："读书是一个人的看家本领……读书不做笔记等于看戏。"读了半辈子的书，书的营养滋润了我"不忘初心、不念旧恶、不变随缘"的情怀。我感受到了读书时，光阴深处就有那么一股静气和定力。

笔者夫妇游览威尼斯水城（摄于2019年）

因此，我喜欢我的书

房。书房是我家的"联合国""博物馆"。书房里有不少于几十个国家的书籍,以名著散文为多。

书房里几本线装书,有一百多年的历史。而那些古玩、砚台、印章、瓷器、紫砂壶,这是我参加工作以来的收藏。书房里的每一寸空间,都氤氲着一缕一缕的书香、墨香、花香,甚至还有一缕一缕的茶香。

我喜欢在书房里喝茶,享受的是生活的淡泊和清静。那开水冲下,壶口氤氲缭绕,清香扑鼻,蕴含着诉说不尽的禅意,勾起心灵对高山的向往。

茶来自高山,来自云雾,来自清静。因此,喝茶时心灵有一种被净化的感觉,身心与大山融为一体。

喝茶当然少不了紫砂壶,因为好的紫砂壶,夏天泡茶,真的隔夜不馊,冬天三天不变味。会喝茶者,没有几把像样子的紫砂壶也就谈不上品茶了。有人讲"万丈红尘三杯酒,千秋大业一壶茶",是很有体会的。因此,买茶、买紫砂壶都是我非常感兴趣的事,对此,我都愿意花钱,因为我喜欢。

我喜欢窗外月色清朗,室内灯光温婉,香茗一壶,书声簌簌,钟

笔者在书房(摄于2017年夏)

女儿大学时代

声滴滴答答,夜阑人静的夜晚。书房与红尘隔着一段距离,沉浸在"品味于天地外,放怀于诗书间"的意境。读精美散文,无疑是在浮躁、平庸、浅显的生活中享受一种清雅、闲逸、陶然的氛围。世人哪得其故也?

我喜欢吃鱼、吃冬瓜。这可能是很少有人像我如此钟情的,我从小就喜欢吃鱼,每天有鱼。大鱼小鱼不讲究,刺多刺少不在乎,冷鱼热鱼不拒绝。吃冬瓜可能也没有人如此。只要市场上有冬瓜,每天一餐一大碗,不用荤素油、不加酱油,只是略微放一点点盐。我就是喜欢冬瓜那么一种清香气。好的冬瓜有点甜,出水少易烧烂,这是冬瓜中的上品。有时候我连冬瓜皮都不舍得丢弃,品相好的冬瓜皮炒辣椒,这是非常好一道菜,偶尔为之,别有口味。寻根求源,父亲爱吃鱼,母亲爱吃冬瓜,导致我才如此这般。

我喜欢看二战片。只要电视播放无论时间长短,我就是忠实的观众。2015年,我去美国的女儿家。语言不通,环境不熟、无事可做时,就是看二战片。女婿把所有的二战片从网上搜索出来,一天看两部,让我一饱眼福。

我喜欢听音乐。广东音乐、二胡独奏、民歌情歌、小提琴独奏曲。它能带给我以遐想、兴奋、陶醉、沉溺。

月夜听"二泉映月",节假日听广东音乐和小提琴独奏,闲暇时听情歌民歌,抹灰拖地时听流行曲。因为时光会老去,歌声永葆青春,所以只要心态好,读书、习字、品茶、听音乐,都是人间仙境。

集数十年生活、读书之经验，我深深地感到，人的情趣全靠自己调节。这迟来的顿悟，令我喜不自胜。

假如我喜欢热闹、繁华，到商场去逛逛；

假如我喜欢清静，到江边眺望夜空星汉灿烂；

假如我喜欢旅游，坐飞机、高铁可以周游天下；

假如我喜欢音乐，买几叠自己喜欢的歌曲，执一壶香茗，品茗听歌，悠然自得……

笔者夫妇游览梵蒂冈圣彼得大教堂（摄于2019年5月）

岁月让某些人把"喜欢"消磨得渺无痕迹，我觉得我最大的成就就是不减当年的喜欢。

喜欢是一种情趣的体现，就人的修心养性而言，情趣高于喜欢。但如果长此以往，喜欢的东西多了，并且贯穿于自己的生活，那么喜欢就可以上升为情趣。

我不敢说喜欢就是情趣，但没有"喜欢"的生活，岂能有高雅的情趣呢？

一个人当他什么都不喜欢的时候，他离大限可能就不远了。

倘若读者"苟得其味，虽日食百钱可以下箸也；苟不得其味，虽日食十万钱不可以下箸也！"此情谁知，又安能同乐矣！

2018年6月23日

走进斯坦福

对于世界知名的斯坦福大学,我早已慕名良久,因此,走进斯坦福大学,是我这次赴美的一项重要行程。

从女儿家,驾车经过一条繁华的商业街,拐两个弯,不远就到了斯坦福大学。

斯坦福大学不像我想象的,围墙高大、门庭气派、管理森严。经过一个类似大门的过道,就是斯坦福大学的范围了。一道高大的林

笔者和妻子、女儿在斯坦福大学(摄于2015年5月,李海光摄)

荫带和柏油马路将整个校区环绕。没有围墙、没有门卫、没有高楼大厦。一眼望去到处是绿树成荫，草坪茵茵，金色的晚霞铺在天边，阳光透过茂密的树枝，映在地面形成斑驳陆离的图案。远处偶尔传来汽笛声，接着又是一片寂静，耳畔只有风掠过树叶发出的簌簌声。

笔者在斯坦福大学（摄于2015年5月）

我们乘坐的小车，好像是在公园里缓缓地行驶。女儿找了好长时间都没有找到停车位，我很奇怪地问女儿："为什么路边有那么多的空车位不能停。"

女儿说："牌子上写了，那是大学教授的停车位，外来的车辆只能停在公共车位。"

女儿又绕了几个圈，才把车停好。我们下车后，走了几步就是罗丹雕塑园，五六尊罗丹雕塑屹立在树丛中和广场上。全黑色的罗丹雕塑，让人想到了他的代表作《青铜时代》《沉思者》《巴尔扎克》。罗丹是欧洲文艺复兴以来最伟大的雕塑巨匠。他的雕塑创作深受意

女婿李海光与外孙女贝娜在斯坦福校园（摄于2023年7月）

大利艺术大师米开朗琪罗的影响，摆脱了刻板的古典技法的束缚，主张现实主义。他说："我唯一的欲望，就是像仆人一样似的忠实于自然。"想到这里，眼前的这些雕塑，更让我感到惊异的是居然没有一丝灰尘，在夕阳的辉映下，闪着耀眼的光泽。我想，如果这些雕塑都是罗丹亲手所为，那可是无价之宝啊！我们拍了几张照片后，经过一两百米的林荫大道后，就进入了斯坦福大学的核心地带。

　　映入眼帘的是相当于四五个足球场大的草坪，草坪间迂回蜿蜒的是用鹅卵石铺就的小路，四个大的花坛里百花争艳，空气中飘来缕缕花香，花坛前面木质结构的长条椅上坐着一些休闲的学生，走在我们前面的是身材窈窕的美国女学生，她们穿着牛仔裤，光着脚、拎着鞋走在小路上。不远处，几个女学生的长裙像是天上的彩云在碧绿的水面飘逸。欣赏之余，我把她们的背影留在了我的相机中。我们在草坪广场徜徉，犹如踱在一块刚刚铺开的碧绿色的地毯上，这种鲜艳、清丽、柔嫩的色泽，是我的拙笔难以描绘的。这如醉如梦的恬静，在蓝天白云下，显得格外安逸。我只是惊叹！只是神往！只是陶醉！

　　草坪广场外围的树林中掩映着低矮的建筑物，或显或隐，或露出一个顶，或闪出一个角，或露出一扇窗，或是一条长长的走廊。只有一座钟楼耸立在校园东南边的教学楼前，女儿说："钟楼白天可以上去，站在钟楼上，可以俯瞰斯坦福大学的整个面貌。"其实钟楼也只有五六层高，但在斯坦福校园里却给人直刺云霄的存在。教学楼和学生宿舍都是七八十年前的旧建筑，颇显沧桑。它们都不规则地"隐藏"在树丛中，只露出一个屋顶或几扇窗户或柱廊。夕阳弥漫之中更显得宁静，犹如一幅镶嵌在镜框中的西洋画，具有无限的情趣。

我问女儿："学校这么大，没有围墙、没有保安，安全怎么考虑？"

女儿说："在美国所有的大学，一般不会发生意外。但学校管理是内紧外松。在校园内所有的路灯杆上，既安装有行人通行按钮，又有报警系统。只要你报警，警察就清楚地知道你在什么位置，一分钟之内就会赶到现场。"

我们的身旁正好有一路灯杆，女儿演示了一下。这种人性化的设计，叫人还有什么后顾之忧呢？这难道不是斯坦福大学"让自由之风吹"的一个缩影吗？

草坪广场的正对面，是一座古老的大教堂，教堂的前面是高于草坪、用砖铺成的开阔地带，在这片开阔地带的上面，几棵高大的灌木树像是威严的哨兵守护着教堂。教堂古朴、庄严、肃穆，

女婿李海光与外孙女贝娜在斯坦福校园（摄于2023年7月）

是典型的意大利建筑风格。教堂的主楼顶部竖着白色的十字架，似乎依然在悄悄倾诉着当年意大利统治加州时的余威。教堂前面的甬道，由拱顶和跨度较大的拱门组成，简单疏阔，出入方便，甬道的宽度可以开一辆大卡车。约两百米长的甬道可以到达不远处的教学楼和报告厅。一眼看过去，这些镶嵌在天地间的草坪、花坛、教堂、钟楼等，与大自然融为一体，让人的心灵得到了极大的抚慰。

我站在教堂中部的唱诗堂前，只见，墙体均用彩色花岗岩装饰成各种神话图案，偌大的教堂，只有几扇窗户露着昏暗的灯光，给人以神秘、森严、幽幻的感觉。窗子均是碎花状的彩色玻璃，表面毛糙、凹凸不平，从外面看不见里面。有不少参观者在远处拍照，在这些人群中，有几个中国人说话的声音，转移了我的视线。我问女儿："校园里怎么都是游客，学生呢？"女儿说："本地的学生回家了，住校的学生都在图书馆里。等会儿经过图书馆你就会看到。"

这时候，有两对倩影迈着碎步经过甬道，向尽头走去，东边的那一对身影不一会就消失在黄昏中的花园里，给人以恍惚的感觉，而西边的那一对倩影在太阳余晖的映衬下，充满着诗情画意。

教堂背面有几个连成片的两层高的辅助建筑，结构均是意大利风格，楼房的前面是花圃、草坪，长条形的窗户都是铰孔的。大门很讲究，门框是花岗岩镶嵌、门楣是用花岗岩铰孔，但门的宽度很窄，只容两人侧身而过。用生铁铸造的铁栅栏全是黑色的，给人以坚固、森严的感觉，院门紧闭，整个庭院犹如一座小城堡。我有点恍惚，这是大学还是教堂？是疗养院还是旅游景点？

我把目光向四周扫去，看不到一座高楼。斯坦福大学的几十栋教学楼各具风格，在树林掩映下，显得典雅、大气、厚重，让人感受到世界名牌大学的非凡气质，匆匆经过我们身旁的大学生，无论是白人、黑人、黄种人，他们的举止神态，似乎都体现着他们的骄傲和自豪！

我们经过的图书馆，是一座五层的现代建筑，窗户高大，透光性能好，从窗口看进去，所有的座位都坐满了学生。室内灯火辉煌，悄然无声，室外绿树成荫，晚风吹拂，花香四溢，渲染着斯坦福大学的美好、神奇和令人向往的美好境地，真是让人倾慕不已。

女儿告诉我："斯坦福是本书，你想一下子读懂它不容易。斯坦福大学全称为小利兰·斯坦福大学。1876年，老斯坦福在加州买了263公顷土地，作为养牧场，于1891年创办。斯坦福大学的性质是私人办学，社会集资，2013年社会捐资达187亿美元。斯坦福的校训是'让自由之风吹'。主要院系有商学院、法学院、地球科学学院、教育学院与工程学院等。目前本科生有6 980名，研究生有8 897名。斯坦福大学成立以来，出了一名美国总统，培养了17名太空人员，是世界获得诺贝尔奖最多的前7所名牌大学之一。为谷歌、雅虎、惠普、耐克等知名企业培养了众多的高科技人才和创造了许多高科技产品。"

听了女儿的介绍，我想，斯坦福虽然没有高楼大厦，但它培养的学生和创造的辉煌，不乏成为令人仰慕的醒目坐标。也许斯坦福的前身是牧场，所以，千里马才得以在"自由之风吹"的校园里驰骋。在斯坦福大学眼之所见、耳之所闻、鼻之所嗅，让我深深地体会到：熊猫美于竹林，是因为它能在竹林中显现雍容娇贵；骆驼美于沙漠，因为"沙漠之舟"坚韧执着；海燕美于大海，因为"只有那高傲的海燕，勇敢的自由自在的，在翻起白沫的大海上飞翔"。精英学子美于斯坦福，是因为这里的优美环境和良好的学习风气，使他们奋发进取……

2015年4月30日于加州

卡梅尔小镇

卡梅尔小镇，位于旧金山南边的蒙特利半岛上，濒临太平洋，气候温和，风景优美。

卡梅尔小镇的雏形如同陶渊明笔下的"桃花源"，早在1904年，一群艺术家和作家，看上了这海滨的一角，遂偕迁居于此，营造了一块属于他们自己的乐土。

在建镇的初期，一些蜚声世界、享誉艺坛的大师级人物，都在这里过着与世隔绝的隐逸生活。我国国画大师张大千、世界顶级摄影大师安瑟·亚当斯都曾在这里隐姓埋名，沉浸在浓郁的艺术天地里。

在这片新开垦的处女地上，艺术家们一方面沉潜在艺术天地里，一方面精心地侍弄着这里的一房一舍、一花一草、一砖一石，从而使这里的发展，一开始就浸润着艺术的芬芳。

卡梅尔小镇的面积不到十平方公里，小镇从最初的几十人发展到如今的五六千人，两三百栋别墅全都掩映在花丛之中。它们各抱地势、倚树就坡、垒石成台、挖土填沟，建成青树翠蔓、造型各异、色调迥别的别墅，营造出流溢着灵性、意趣、幽美质感的空间。

我去过青岛海边的名人别墅山庄，规模与卡梅尔小镇差不多，但色调一致、造型统一、管理森严，缺乏艺术气息。而卡梅尔小镇却是天人合一，让人感到他们在尽情享受高雅生活的同时，也尽情地享受大自然的美。

我们从海边循岭脊行，曲折盘旋，干净的柏油路面，绿树成荫，坐在车上都可听到海涛之声。走进小镇，却不易看不到别墅的身影，而是在赏花、漫步的时候才发现："哦，在这一丛丛花坞之中，还有一栋栋别墅。"这些欧式的、美式的建筑物，真是让人一饱眼福。

毕元君摄于卡梅尔小镇

我们所经过的林壑幽美处、曲径通幽旁、山溪流经边，看到的一栋栋优美的别墅，令人不由得发出"良辰美景奈何天，赏心乐事谁家院"的感叹！

我们伴随着凉爽的海风边走边看，各家各户室内的装饰都别具一格，有的墙上挂着几幅油画，有的悬挂着各类工艺品和秃鹫的标本，有的书橱和工艺品架上摆放了很多瓷器。但共同点是家家户户的房前屋后都种满了鲜花，花坛因地就势，有长条形、方形、圆形、菱形，并且用瓷砖镶嵌。还有各种盆栽的花卉，摆放在恰当的位置。在阳光的照耀下，这些花奇光异彩，竞相纷呈。

我走近一家窗口，向里面看了看，楼下大客厅的落地窗外种满了花草，阳光落在叶面上流光溢彩。南窗前摆放着一架钢琴，黑色

笔者在卡梅尔小镇

的面板，泛着锃亮的光，钢琴上面摆放镜框里的照片，厚实高大的绒布沙发摆放在客厅的中间，茶几上摆放一个高脚托盘，里面盛放着各种水果，茶几的一角还有一本翻开的书和一杯咖啡。西边书橱旁边的木质花架上，一盆紫藤长势良好，藤蔓垂地。靠东南面墙边呈90度的橱柜上面有一盆鲜艳的郁金香，阳光斜斜地落在花叶上，橱柜的上方挂着一个栗壳色的摆钟，时针指在两点四十的刻度。

室内的每一件陈设告诉我，主人的生活格调是那么的高雅、悠闲和充实。这温馨、宁静的氛围让我想象着，钢琴边坐的不是一位身材窈窕的淑女就是一位雍容华贵的少妇，要么就是一位气质儒雅的男士。

正在这个时候，一位身穿黑色连衣裙的少女从西边的楼梯上走下来，她那袭配有深黑色网织罩衣的黑裙子，把她金黄色的头发衬托得格外美丽。我想，她也许早已习惯了游客欣赏她家优美的环境，她微笑着走到窗前，一只蝴蝶从她耳旁飞过，我从她那甜甜的微笑

笔者在卡梅尔小镇

中感到她微笑背后的骄傲和优越。

鲜花是美的，它是主人寄托和表达美好情感的象征。人的情感随着环境的变化而变化，大到一个国家、一个民族，小至个人，能够与大自然建立起和谐美好的环境，那么其情感世界必定是美好的。就像眼前的这位少女，她们用才情精心地编织着卡梅尔小镇的美，让我们看到了一个令人神往、令人惊艳、令人可望而不可即的卡梅尔小镇的一角。此时我感到这绿色的山坡上，开窗花至、闭窗闻香的别墅和这高雅的客厅构成了一幅优美诱人的画面。让人感到家的品位、家的温馨、家的幽静，折射出人的灵性的舒张。

我们来到小镇的中心地带，小镇上各家各户花丛中飘逸的香味扑鼻，让游人犹如在大自然的艺术宫殿中漫步。游客无不发出啧啧惊叹，他们饥渴的眼神，似乎想在一瞬间把所有的景观一览无余，手中的相机、手机、摄像机不停地变换着角度，还有很多人在别墅的花圃前不断变换着姿势拍照留念。

沿街装潢得精致优雅的店铺,有卖工艺品的、有卖服装的、有卖饮食的,店小,人气旺,生意好。街上来来往往的男女、本国人、外国人,有时面面相觑,但大家更多的是看景。尽管语言不通,肤色各异,来来往往,却不喧哗。在这游人中间,不乏有来自世界各地醉心于艺术的游客,他们的足迹流连在小镇的画廊中。

小镇的画廊是最吸引游人的地方,因为这里出售的作品,水准之高,装潢之雅,种类之繁,恐怕是在加州是最具影响的。我在画廊旁站了片刻,就看见几位游客选购了好几幅作品,而且价格不菲。在购买者的身旁,不时有旁观者参与对作品的评判、欣赏。我想,卡梅尔的美将伴随着一幅幅摄影作品和风景画作,向更广阔的空间展示。

我们在卡梅尔盘桓了近一天,颇感奇怪的是小镇上竟没有管理机构,所有的十字路口居然没有红绿灯,也没有看见一名警察。我

卡梅尔小镇

们离开小镇时,已是"高城望断,灯火已黄昏"的时候,这种自然、和谐、幽美融为一体的环境,实在是都市人所不能享受其万一的!

2015年5月24日于加州

(本文图片均摄于卡梅尔小镇)

琉森湖

琉森是瑞士最著名的风景区之一,其一是因为这座小城古朴、幽静。无论把目光投向哪里,都给人以宁静、温馨、可人的感觉;其二是流经琉森城的琉森湖,是欧洲最为耀眼的一颗璀璨明珠。

导游在车上告诉我们:"琉森湖在瑞吉山和皮拉图斯山脉的中间,

琉森湖

山不高，很秀美，湖不深，异常清澈，湖水将古城区连成一片，为整个琉森城酿出了一片清新、澄澈、可人的风韵。大家要知道，瑞士联邦在1291年结盟，就是在琉森湖上秘密进行的……"

说实在的，我对湖不是很感兴趣，我去过国内的很多湖，杭州的西湖、无锡的太湖、武汉的东湖、安庆的花亭湖等。但是这个定居在列支敦士登的名叫王伟的中国导游的话，我不能不听，因为一路走来，大家都感觉到王伟不但是个欧洲通，知识面宽，而且文化修养极高。

旅游车停在离琉森湖几百米的树荫下，我一下车就看琉森湖对岸的水面上，清晰地映出了山脉、城市、森林以及路面行驶的小轿车的身影。琉森湖的湖光山色，给人一种非凡的气象，令人意驰神往。

于是，我和妻子按照行程安排，在很短的时间内购物后，立即赶到了琉森湖边。

湖岸边站满了来自世界各地的游人，一眼望去，湖岸线蜿蜒曲

琉森湖湖光山色

折，向远方的山脉流去，驰目远眺，山水相依，别墅相望，沿湖的路面平坦如镜，山上通往别墅的小路弯曲有致。山的顶部是皑皑白雪，腰部是郁郁葱葱的森林，山脚的平缓地带，是依山就势建造的别墅，像是儿童搭建的积木一般，清一色的欧式风格，或白色或黄色或赭色的墙体，掩映在绿树花丛之中。真的很美啊！这些别墅在灌木和低矮的丛树中，如同穿红戴绿的顽皮的孩子，捉迷藏时露出的身影，在蓝天白云、碧绿的湖水映衬下，别有情趣。导游告诉我们，这样的别墅，在琉森湖两岸的瑞吉山和皮拉图斯山脉上到处都能看到，它们都有几百年的历史，这样的传承，让他们感到很骄傲。

瑞士人每天在这样的环境中悠闲地享受生活、享受自然、享受人生，令我叹佩不已的同时，也想附上古人的词作与之遥相呼应："故乡遥，何日去？家住吴门，久作长安旅。五月渔郎相忆否？小楫轻舟，梦入芙蓉浦？"

这时候耳畔游人的赞美之声络绎不绝，宛如童话世界的湖岸风光，为人与自然生态和谐相处的琉森湖增添了几分灵动，听着琉森湖喃喃的絮语，仿佛是在骄傲地诉说着湖畔童话般的仙境。

远眺湖上的卡佩尔桥，老旧色的桥体，颇有古韵，有点像黄河上的大桥，但黄河的水像一头桀骜不驯的雄狮，奔腾而去。而琉森湖的水，却温顺、柔腻。我一路小跑着站到了这最负盛名的桥廊之上。卡佩尔桥状如安徽石台仙寓村的古长廊，不过，前者是钢木结构，后者是全木质结构；前者宽大而雄伟，后者短小而古朴；前者是明星展示于世，后者是"深山藏古寺"。

站在桥廊上更清晰地看到湖水有着像鸡蛋清一样的亮、像绿萝一样的青、像月光倾泻一样的流感。

雪山、森林、岸上古韵犹存的建筑物以及伏在窗台上闲适者的身姿，都清晰地如诗如画般地映照在湖面上。

不远处湖面的上空桥廊的附近，不时有白鸽盘旋，当有人想把

琉森湖俯瞰

它们拍进镜头时,它们一瞬间又飞得无影无踪,不一会又飞回来了,似乎是在和游客捉迷藏。真正是移步换景,触目似画。桥廊上南来北往的游人熙熙攘攘,各自选择最佳角度眺望、摄影。远处一片的哥特式建筑群之中,两座教堂的尖顶直刺云天,凝视那一片时空,让人有一种穿越感。

闻着空气中树木的清新和淡淡的水腥气息,我感到人在城市里住久了,一旦和自然亲近,嗅觉似乎特别灵敏,心情也格外愉悦。我望着眼前的湖水,发掘着许多镌刻在记忆中的湖的影像:西湖的水滞缓了一些,东湖的水凝重了一些,花亭湖的水浅淡了一些。唯有眼前的湖水清亮、透明、温婉、多情。

岸边的行道树,古城的建筑群,远山的倒影,山坡的别墅,山上的雪峰等,这些全都成就了琉森湖的风韵。琉森湖仿佛知道自己的高贵典雅,不露声色地展示出自己全部的美,它仿佛在说:"琉森湖畔难道不是人世间的仙界吗?"

我欣赏卡佩尔桥的迷人风姿,但我更钦佩寓仙村古长廊的遗世独立。我甚至有些嫉妒大自然对琉森湖的厚爱,营造出美与人相伴,生活与自然贴近,山水如此和谐的妙境……一瞬间,我感觉自己好像不是现实中的人,而变成

2019年6月,刘晓平在瑞士日内瓦湖

2023年5月，毕元君与女儿贝娜在琉森湖

了中国古代山水画中点缀的人物了。

"琉森湖畔碧水绿，应是惊鸿照影来"，我正这么想着，听到一位同行者说琉森湖是瑞士第一大湖。面积大不是最重要的，重要的是导游告诉我贝多芬的《月光奏鸣曲》是在游览琉森湖时突发灵感而问世的经典乐章。由此我联想到，阿炳的《二泉映月》与《月光奏鸣曲》不是有着异曲同工之妙吗？

贝多芬与阿炳，一个失听，一个失明。他们所处的社会背景非常相似，社会的动荡，生活的窘迫，人生的迷茫。但是他们都热爱生活，崇尚自然，他们从月光的温情中读出了生命存在的真正价值，为人类留下了余音绕梁而永不消失的美妙旋律。我不由深深地感叹，经典产生于灵感，而灵感则是厚积薄发的宠儿啊！

纵观历史，美丽的湖水总是能漾出华丽的文字，因为有了洞庭湖，屈原写出了《离骚》，范仲淹写出了《岳阳楼记》；因为有了瓦尔登湖，梭罗写出了《瓦尔登湖》……难怪托尔斯泰、屠格涅夫、歌德、朱自清、奥黛丽·赫本等众多文学家、艺术家都钟情于琉森湖，在这里驻足或久居。

　　我心醉了，我如同一个被上天眷顾的人，尽情欣赏了大自然的盛典，而这盛典是永恒的，因为，大自然永远散发着诱人的魅力。而艺术家的心弦最容易为之震颤共频，他们灵魂深处迸发出来的诗篇和用灵感谱写的乐章，将永远与大自然神奇的天籁共存。琉森湖虽然是镶嵌在瑞士心间的一颗璀璨的明珠，但它也已经占据了我的心灵，它也是属于我的，更是属于全世界。

2019年5月19日

柿子熟了

女儿家院子里的柿子熟了。

满树的柿子像缀满了无数盏红色的小灯笼,将旁逸斜出的枝干压弯了腰。有几枝竟然承受不住,怦然折断,拖挂下来。

我找来一些木棍将枝干一一支撑,有用一根木棍支撑不了的,女婿就用几根钢筋支架分别在几个方位将摇摇欲

外孙女贝娜

坠的枝干撑住。这样保证了树枝不再被折断,挂果无恙。

每周一的早上,垃圾车要清扫落叶,妻子在前院扫树叶,外孙女上幼儿园去了,后院很静,只有我和几只鸟雀,和伏在草坪上晒太阳的宠物。满树的柿子让人心生欢喜,我想起女儿的话,买这房子时就因这些果树多花了5万美元,我觉得女儿有见地。

值！何况有哲人说过"千金买房，万金买树"，而且买的是果树。

院子栅栏的周边种的果树，大多有五六十年以上了，它们的主干比蓝边大碗还要粗。

柿子树大约也有二十多年，比手臂还粗的主干近四米多高。院子里的果树上还结着青皮的榴油果、乳黄色的苹果、橘黄色的橙子，还有橘子，只剩下光枝秃杆的杏子树和郁郁葱葱的玉兰花树。

这些在蓝天白云、草坪的陪衬下，尤其是在繁花朵朵、硕果累累时，院子里充满诗情画意。

外孙女贝娜摘柿子

柿子相对于杏子、苹果、柠檬、橘子、牛油果，是比较难保管的水果，尽管成熟晚，但它发芽开花基本上与其他果树同步。

春雨蒙蒙时，柿子树就开始舒展着嫩绿的枝芽，一片片椭圆形的叶子，<u>重重叠叠</u>，油腻腻地闪着光亮。

到了初夏，枝枝挺拔，叶叶碧绿，满树厚实平滑的叶面，俨然像撑开了的一把伞。

临近仲夏，柿子树开花，一朵朵美丽的小花，招蜂引蝶，蜜蜂们自由自在地在花间采蜜，忙得不亦乐乎。淡黄色的小花，像一个个小喇叭，在阳光下尽兴地绽放，仿佛毫不疲倦地做着广告："我要结果啦！"

短暂的花期（十天或半月）结束后，郁郁葱葱的绿叶里躲藏着数不清的小柿子，皮质毛糙，有点像愣头愣脑的小伙子的脸庞。

到了盛夏，柿子就开始依次变熟了，体型也逐渐变大，表皮比较光滑。随着柿子由圆变扁，不断长大，由青绿色慢慢地变成橘红色，这时候它的表皮则有光无泽。

等到立秋后柿子的大小基本上定型，尤其是当它们吸尽了露水、雨水，其表皮，便闪着迷人的光泽。下霜以后的柿子如同丽人红润的脸庞抹上了一层淡淡的粉妆，细看，仿佛是粒粒细细的白色粉末，等到在太阳的照射下就逐渐消失了。

这个时候的柿子在太阳的照耀下，泛着醉人的光晕就像新娘的脸庞，嫣红如旭日，不同角度的光波又似微波晃弄。恰如是蓝天之下、赭色木板栅栏作背景，悬挂着的一幅具有诗情画意、可赏可品的写生作品，引诱着人们想恣尝鲜味。

我想，面对这样的意境，徐志摩肯定会诗兴大发，冰心肯定会有第二篇《小橘灯》传世，

柿子熟了（摄于2023年10月）

丰子恺肯定会有诗文并茂的漫画令人叹为观止……

站在柿树前,空气的清润和柿子的秀色诱惑着我想一饱口福,可是我用很大的劲才将柿子反复扭转了下来,柿子沉甸甸的,足足有四两重。本想用掰开,但无济于事,用刀削皮切开后,柿子内瓤就像红心山芋一样,切成一片一片的,放入口中,脆脆的,有着微微的香甜。

其实,这个时候的柿子还没有完全成熟,好看不好吃。看起来柔软的柿子,给人的手感却像萝卜一样,硬邦邦的,如果销售到外地,这个时候柿子就要装箱了。等一个月以后,树上的柿子慢慢地变软,正好面世。时间到了十一月初,女儿有一天下班后,看到几只鸟雀在吃柿子,对我说:"爸爸,鸟雀在吃柿子了,柿子可以摘着吃了。"

吃完晚饭后,女儿叫爱人海光去摘几个柿子,海光摘了五个柿子,削好皮让大家品尝。柿子入口冰凉冰凉的,犹如刚刚从冰箱里拿出来的冰淇淋,虽不是很甜,但口感很好。

我勉强吃了一个,因为我喜欢吃那种软软的、瓤子黏乎乎的、用嘴一吸满嘴都是甜汁的柿子,让人有一种极大的满足感。女儿说那还要等二十天左右才能吃到我描述的那种口感的柿子。

苹果红了(摄于2023年10月)

妻子感到非常爽口,

正好外孙女不吃，就吃了两个。谁知到了夜里，她胃痛，把我折腾了一番。

自从我们品尝柿子的第二天开始，每天有数只鸟雀落在树梢顶端的柿子上，尽兴地、毫无顾忌地啄食，并且呼朋引伴，鸟雀们叽叽喳喳的欢歌笑语声经常引起家里宠物狗的注意，昂着头对着柿子树狂吠，鸟雀腾空而去的掠影与犬吠之声一起销声匿迹在长空中。

紧接着院子里又是一片安静，我看着挂满枝头的柿子，红红的，像一个个小灯笼。这让我想起了20世纪80年代末，我在北京怀柔县读书时，国庆节和几个同学一起去爬校园外几公里处的长城，我们看到长城脚下有一片红色的"海洋"，有的同学说是红叶林，有的同学说是枫树林，有的同学说是太阳照在湖面上。我说反正回去不绕道，过去看看。

于是，我们顺着一条直道走过去，谁知道是一眼望不到边的柿子林，成熟的柿子把大家的脸庞映得面如桃花，个个神采奕奕。大家不管三七二十一，先尝为快。

我们每个人都捡软的摘，大快朵颐，有的嘴唇周围沾满了红色的内瓤，在大家正吃得开心时，护林员过来了，没等我们开口，就豪爽地说："吃吧，这东西很贱，熟透了，要不了几天就坏了，你们再带点回去，给老师吃。"

我是班长，考虑到影响问题，临行前强行塞给他十元人民币。可以说，那是我第一次尽兴吃柿子，真开心。

同时，那个时代陌生人之间的那种真情、淳朴，也是读大学时留给我最美好的一次回忆。

由此联想到读中学时，冰心写的《小橘灯》，那小橘灯状如火红的柿子，又恰如一盏明亮的灯火，在我们那一代人的心头燃烧了几十年，可以说她影响了几代人健康成长过程中的人生理念。

这些遥远的回忆即是亲切的又是非常痛心的。梁启超在《少年

柠檬黄了（摄于2023年1月）

中国说》中："少年智则国智，少年富则国富，少年强则国强，少年独立则国独立"的名言，验证了其是一个国家、一个民族文明强大不可或缺的基石。十年树木，百年树人，"物犹如此，人何以堪"。

正如女儿说的："我家柿子的品质好，大而且甜。这得益于种植者当年选苗、培植得好，若没有好的园丁，又岂能有好的果实。"可见选种、培育是多么的重要，育人与种树是一个道理啊。

圣诞节前半个月，我们全家去洛杉矶的迪士尼乐园，女儿说："爸爸妈妈有空把树上的柿子摘下来，不然几天家中无人，鸟雀就会吃得更多，最上面摘不到，就留给鸟雀吃。"

第二天一早，我就忙着张罗摘柿子。外孙女听说今天不上幼儿园，在家摘柿子，高兴地自己一个人把早点吃下去了。

看着那一个个扁扁的像旭日般的柿子挂在树上，恰如一张张风华正茂的脸蛋，透着青春的气息。我想柿子熟了，树叶已经完全落尽，摘柿子应该用手一拧就行了，一上午的时间就可以解决问题了。谁知柿子与树枝仿佛感情特别深，它们还是不愿意离开母体，在和我们较着劲。我想，要是不外出，这些柿子挂在树上，真的很美。我反复旋转才摘下一个，外孙女的两只小手怎么拽也无济于事，妻子只好用剪刀，这样才加快了速度。

于是我叫外孙女做二传手，从外婆的手中把一个个柿子放进塑料盆里。她高兴极了，一边接一边数着12345……有时候，她没有接好，柿子掉在地上，我赶紧跑过去捡起来看看，居然没有一点损坏。盆装满了，我就端到客厅里，将其一一放在桌上、茶几上。

到了下午，树最上面还有几十个柿子没有摘，一是树太高，人站在梯子上也摘不到，二是女儿说了，上面摘不到就留给鸟雀吃。

客厅里，摘下的柿子把所有的桌面都放满了，我只好把一个大纸箱扯开，铺在地板上。

一个个红彤彤的柿子静静地躺在地板的纸盒子上，仿佛对着我展开了笑颜，夕阳从窗口射进来，一道清亮的光线斜斜地落在柿子上面，泛出金灿灿的光泽，客厅里长时间有一种金黄色的光晕暖暖地映入眼帘，演绎出蓬荜生辉的况味。

我坐在沙发上，回想着从上午到下午，我来来回回搬了几十趟。如果一个柿子按0.4斤算，792个柿子，一共是316.8斤。

女儿下班后，我问："这么多柿子怎么吃得掉？"

女儿看着摘下来的说："这些柿子一个月以内是不会变软的，左右隔壁、同事、朋友一送，也就剩不了多少了。"

果然，从迪士尼回来后，所有的柿子还是硬板板的。

女儿按照以往的做法，把柿子分送了以后，大概还剩三分之一。每天晚饭后，女婿用刀将柿子的皮削去，一人一个，大家就像品尝甜美的萝卜一样，吃得津津有味。

元旦以后，我发现有些柿子的皮开始慢慢退去了光泽，我轻轻一捏，发现这些柿子开始变软了，但不捏看不出来。

妻子见我天天摸捏柿子，就说："天天捏柿子干什么？"

我说："安庆有句古话'柿子尽软的捏'，我喜欢吃软柿子，不捏怎么知道？"

又过了几天，有些柿子的表皮出现了黑色的斑块，皮打皱了，拿在手上感到软软的、沉甸甸的。我把这些柿子拣出来单独放在饭厅的台面上，每天吃过饭后，就把柿子掰开，为了不至于像在北京怀柔读书的那一次，吃得满嘴都是柿子的甜汁。我用勺子挖着吃，那黏乎乎的瓤子，冰冰的、甜甜的、绵绵的，真爽口。

这与我小时候母亲想吃柿子，因经济拮据，母亲往往买几个便宜的青涩的柿子，放在米缸里捂熟后才吃的感觉，可是天壤之别。

不几天，大家一人一天一个，把软了的柿子全都消灭了。

女儿夸我："爸爸真会享受，饭后吃甜点（柿子），很像美国人的生活习惯。"

我说："为了这一口，我可等了一个多月啊。"

女儿说："我们享受的任何东西既要付出又要等待，世界上没有什么东西是可以坐享其成的。"

柿子熟了，从它发芽、开花、结果、成熟，到美美地享受，正如女儿说的，既要付出又要等待。

但是让我最为钦佩的还是郁郁葱葱的柿树的叶子，当柿子成熟后，它们为了让柿子红红火火的形象挂在树梢，让人欣赏，全都悄然飘落，变成养分继续周而复始地服务于下一个季节……

是啊，生活中，我们往往都会欣赏岁月静好的一面，很少想到负重前行的一面。岁月静好，往往都是有人负重前行；花果绚丽，皆是因为有大地给养、阳光雨露、绿叶扶持。

我从柿子熟了的过程中，得到这么一点启迪，也可以算没有辜负生活对我的福报吧。

2023年1月24日于美国加州

遥记"情人岛"

调回安庆后,在街上经常碰到熟人。

碰到的熟人,十有八九都很惊讶:"怎么好多年都没看见你,到哪儿发财去了?"

我怅然而笑,说在太湖干了九年,今春才打道回府。"赤条条去,赤条条回。"这些年近半百的老友,无不钦佩,无不叹惋:"难怪头发搞白了,人显苍老了……"

一阵寒暄,临别前他们都提及太湖有个"情人岛",并且说,要是去太湖游玩,请我务必赏脸当向导……

笔者在太湖西风洞（摄于2018年）

望着他们远去的身影，我的内心有点激动，想不到花亭湖的"情人岛"有如此知名度。我心里默念着"情人岛、情人岛……"

可是，"情人岛"的来历又有几人知晓呢？

1998年春，在天柱山旅游开发的强力推动下，太湖库办拟开发西风洞脚下、花亭湖畔的几个岛屿。

当时的库办主任汪长菊，东借西凑，筹措资金，几经拼搏，总算打响了花亭湖开发的第一炮。由于我和汪长菊的私交不错，加上市县报端经常有我写的"豆腐干"，汪长菊认为我文笔不错，于是与我探讨，给第一个开发的岛屿冠以何名。为此，几个晚上我都睡不好觉。

为花亭湖的岛屿命名，既要符合风土人情，又要给人以高雅之感，更要对历史负责。我在纸上画画写写，写写画画，总是找不到感觉。

于是，我竭力捕捉第一次走进花亭湖对我产生的那种兴奋，那种灵感，那种意境……

我想，秀美的花亭湖，其众多的岛屿应该有一些相匹配的有韵味的名称。一个名称就是一个商标，一个好的商标蕴藏着巨大的经

岳母汤慧玲与妻子刘晓平在太湖五千年文化园（摄于2012年）

济效益，"贵州茅台酒"其商标价值人民币几十亿元，可见品牌之重要。尤其是在旅游开发具有极大潜力的花亭湖，我们更要以"初为人父"的喜悦和激情去给每一个开发的岛屿命名。否则，"便纵有千种风情，更与何人说"。

几天后，我将"情人岛"这个名字告诉汪长菊。他听后，认为"情人岛"这个名字既有人情味，又有无限想象的空间，同时又具有诗一样语言的特点，朗朗上口。好！于是"情人岛"像美丽的少女，带着柔情与妩媚，从碧绿的花亭湖向我们款款走来，展示其婷婷风采。

"情人岛"一问世，在全县传开后，众说纷纭，但褒者多，贬者少，持异议者也大有人在，好奇者、新鲜者更是兴冲冲前往一睹为快。

可是，就在为"情人岛"正式命名揭牌前夕，某县领导却反其道而行之，令人将"情人岛"的名字改为"合欢岛"。

悉此，我在感到有说种不出的滋味的同时更是哭笑不得。

2000年10月28日当晚，我有感而发，一篇《情人岛辨析》的文章洋洋洒洒几千字，可谓是字字情，句句意，情真意切，感慨系之。我愤懑地写道：

"情人岛"，尚未登场就被无情地扼杀了！

我惋惜！我呼号！我哭泣！

大千世界，芸芸众生，生生息息，父母情、夫妻情、儿女情、手足情、同志情、师生情、战友情、生死情、恋人情、山水情……嗟夫，一人之情，千万人之情也。

汤显祖云"世总为情"，人生的一切都无不是一个"情"字；白居易"在天愿作比翼鸟，在地愿为连理枝"；元好问的"问世间，情为何物，直教人生死相许"。

伟人毛泽东也说，无情未必真豪杰。

有史以来，一个"情"字，惹出多少悲欢离合。或千古绝唱、或生死离别、或肝胆相照、或山盟海誓、或朝夕相处白头偕老……

呜呼，"情人岛"何过之有？

还我"情人岛"，愿天下有情人都情切切意绵绵，天长地久，地久天长……

此文写好后，我很快将稿子寄到《安庆日报》《太湖报》，不知何故，均未见报，为此，我闷闷不乐。

在以后的日子里，凡是来人要我陪同前往"合欢岛"，如同在我受伤的疮口撒了一把盐，我不忍前往，皆借故推辞。

时隔不久，听说"合欢岛"的牌子不知被谁摘掉，扔到湖里。这一消息着实让我高兴了几天。可是好景不长，几天后"合欢岛"

的牌子又竖起来了，我的心情又是从晴转到阴。

随着时间的流逝，"情人岛"虽然没有得到官方的认可，但本地老百姓和外地游客都接受了。人们口口相传，乘兴而来，满意而归。这正是"情人岛"的魅力所在，也说明"情人岛"有强大的生命力，可谓是"青山遮不住，毕竟东流去"。

我调回安庆后，曾经有人多次向我询问"情人岛"的旅游体验，想不到安庆还有这么多向往"情人岛"的知音。

这让我想到了另外两个问题。一是"情人岛"的政策还需进一步人性化，供人们娱乐的休闲场所太少，有些设施要改善，收费较高；二是"情人岛"虽然已经得到公认，但从国际接轨的角度讲，应该给花亭湖所有的岛屿命名、注册，这样才能树立品牌效应，让天下有情人都知道，在安徽太湖县有一个美丽的地方——那就是"情人岛"

2003 年 7 月 30 日

书房情韵

笔者在三心斋书房

随着城市住房条件的改善,爱读书者,大多都想有一个理想的书房。于是,书房成了人们居家的一个文明程度的象征,展示着生活的品位,也是人们对优雅和闲适生活的追求。

无论家庭人员的文化程度高低、年龄大小、书房布置的精致或简单,人们一旦走进书房或多或少都会被书房独有的氛围所感染。就我个人而言,从父亲的书房到我的书房,都极大地影响着我的人生、我的成长、我的生活、我的情趣。

父亲的书房大而高雅,藏书甚多,墙上挂着蒲松龄的书法条幅。

桌上有精致的笔架、笔洗、歙砚、镇纸、鸡血石印章、信札等。平时他不让我们随便进入他的书房。记得有一次我偷偷摸进他的书房，想在书橱里翻小人书看，谁知翻到了一本线装的人物画书，我正想翻阅，父亲在我身后很快把书拿过去，并且和蔼地对我说："《三字经》背得怎么样了？有些书不是你小孩子看得懂的，今后可不许在我书橱里乱翻书。"长大后我才知道那是一本《金瓶梅》。

书房对我的熏染在那时就深深地印在了我的脑海。我成家后便有了自己的书房，尤其是搬进新居后，不但面临长江，而且住房面积扩大了，书房环境进一步得到改善。宽敞明亮的飘窗、两壁书橱，散发着几代人气息的紫檀木书桌，精致、古朴。手摸着书桌边缘和雕镂精细的抽屉，让人感到书桌的艺术价值、使用价值、观赏价值远远超过了它的本身。

精美的歙砚和书桌上杂陈的笔挂、笔洗、镇尺、时钟及"聪明的一休"的紫砂小摆件等，渲染着浓郁的书香氛围，一种书卷气扑面而来。虽人处红尘之中，但身置于书房，多少能保持一些平静和悠闲的心境。

书房里除了书外，让我最为欣赏的是墙壁上悬挂的四幅瓷画条屏，在静静的时光中，渲染着古代樵夫、渔夫以及文人骚客亲近山水、热爱自然的情趣。画面有小桥流水、湖泊河流、山峦叠嶂、悬崖亭榭、花疏月淡。画中的人物或亭中读书、或茅屋抚琴、或竹窗秋话、或幽径吟诗、或孤帆远影、或近舟远眺，他们尽情地享受着在世俗生活中无法享受的闲情雅趣。

挚友来临，无不立足于前，沉浸其中，品味不尽。我哥哥曾经站在条屏前说过："欣赏这些条屏我们可以享受无边的静美，令人神凝意远，一旦转身，便被红尘吞噬掉这份纯净、这份悠远、这份唯美。"

是啊，红尘是个很奇妙的空间，任何人逃脱不了红尘的嘈杂。

高中时代的毕元君在自己的书房

然而，在书房里能静观万物，洞察世事，是因为你通过阅读，开阔视野，增强信心，生命有了高度。

有时候我心烦意乱，想静下心来看书，可是现实却让我无法安心，我只能懒散地翻着书，随着目光和手指从纸页上滑过，内心也就慢慢平静下来了。长此以往，让身心置于书房，任时光悄悄流逝，认真地品读诗书文章，悠闲地把玩字画古玩，偶尔写点散文随笔、书法作品，敝帚自珍、淡定从容，大有神仙风味矣！

我们的生活，很多时候需要静下心来，慢慢地走进时间的深处，才能在静谧的时空里，享受最美的风景。每每我面对书桌，坐在美观大方的高背藤椅上，尽兴地"品味于天地外，放怀在诗书间"，享受书本给予我的滋养，就会走进书中的世界。往往一壶"天华谷尖"喝得惬意畅然时，一本书也就看得差不多了。因此，看书少不了香茗相伴。在茶水中浸润人生，在茶水中滋润文笔，在茶水中把岁月

书房一隅

守成往事。尤其是在谷雨和清明时节，佳茗浸泡紫砂壶，氤氲不散，香气绕鼻。书房的清雅与幽香融为一体。那种惬意，大有"小园香径独徘徊"，"隔窗花溢香，疑是玉人来"的韵味。

这种享受已成了固定的、无法摆脱的一种习惯。即使岁月流逝、文笔枯涩、生命苍老，也都是书房一道旖旎的风景和惬意的享受。

中国文化人皆可以成为尧舜，也可以继承圣贤。为什么民国出现了那么多的大师，此后却无以为继呢？这种断层，大概与潜心读书的人数急剧减少有着密切的关系。人们浮躁的心情耐不住寂寞，守不住清贫。更谈不上有"书卷多情似故人，晨昏忧乐每相亲"的感受了。

尽管今天从某种层面讲，不是"书中自有千钟粟，书中自有颜如玉"的时代了，但我还是非常庆幸自己养成了看书的癖好。"埋头书房何日了，不如抛却去寻春"。外因是变化的条件，内因是变化的根据。其实，只要自己懂得舍弃、懂得放下、懂得珍惜，自然会春风和煦、月明风清。

书房是培养文人精神和自我修养的载体，书房的氛围能够触动人们读书的兴趣，读书只有读到有兴趣时，方能感觉到读书是世间第一美好的事情，从中可以纵观古今，了解世情，感知前人生活最真实的轨迹，展望世界未来发展的趋势，便无所谓得失，无所谓成败荣辱，很多事情才舍得下，想得开，看得远。

我的书房朴实、简明、大气，给人以视觉上的享受、心灵上的慰藉、思想上的启迪；而绝非是华丽、富贵、洋气，给人感觉是一个摆设、一块招牌、一种炫耀。身置书房，就像走进时间的深处，有一种定力，让人静心，仿佛进入了学生时代。

长江从书房飘窗前流过，翻动着金黄色的浊波。春观江柳婀娜，夏眺江水澎湃，秋喜江月临窗，冬赏江雪苍茫。偶得佳句：长江自古无直道，何忌他人曲中游。于是对红尘中的虚伪、狡诈等卑劣行

书房一隅

径全部释然。

我在书房消受几十个春秋的夜晚时光,读书一天比一天增多,格局一天比一天拓宽,心境一天比一天静远。

可以说,我在书房消耗的时间,正在燃烧着我生命的希冀,点燃着我读书的激情。虽然,研磨、读书、习字、写作很寂寞,但很快活。我深有体会,身置书房,只有当眼光落在字里行间的那一刻,才有最美的心情。一页一页"簌簌"的翻书声,如婴儿吮乳、如桑蚕啜叶、如恋人絮语、如冬夜听雪,给人带来内心的宁静和祥和。

那琳琅满目的书籍中,有多少"奇葩"开在我的心中,每每读之,心静神往,欣喜之心,言不能尽。想必再豪华的住宅也敌不过一代又一代人欣赏的"奇葩"吧!

我很喜欢鲁迅"躲进小楼成一统,管他冬夏与春秋"这句诗,有这种意境,才有读书读到唇齿生香的效果,否则,怎么会有一种

"读书不知春已深,一寸光阴一寸金"的惬意?

我伏案多年的紫檀书桌,四边雕花,没有任何破损或划痕,包浆温润,闪着光亮,显得古老、沧桑、贵重、气派。这书桌已经有了百年以上的历史,小的时候是父亲书房的书桌。过去没有玻璃板,只有一块毛料的桌毯,传到我手上时,我看桌面有一条明显的裂痕,于是配了一块玻璃台板。玻璃台板下,压的是不同时期的照片,展现了书香门第的历史渊源,让古老的书桌青春焕发。

书桌上,一款笔架古色古香,放在歙砚盒盖上的紫砂壶泛着酱红色的光泽,温润的包浆让人喜爱。尽管我的毛笔字写得不好,但精美典雅的歙砚、宜兴紫砂摆件"聪明的一休"以及景德镇蓝花瓷笔洗等都为书房增添了不少韵色。

书房是我的天堂之地,书籍是我的怡情之物,书案是我的忠实伴侣。书房不须大,两壁是书橱、一壁是窗户观景、一壁挂字画;

笔者住锡麟街时的书房

书籍不须多，要精而杂。精要经典、杂要中西合璧；书案要有点历史，最好有二十年以上，其包浆、其色润、其韵味都能静静地散发出墨香书韵；台面上要有零星散放的书、有歙砚、笔架、笔洗和案头清供。

书房是一个家庭的"私家花园"，往来无白丁，谈笑有鸿儒。平日来客均在客厅，书房内的文化景观，只有对书敬重的人才能享受。

钟情于书房，钟情于书房的况味，钟情于在书房伏案阅读。无论是倚窗观江，还是寒夜客来；无论是名著在手，还是茶香缭绕；无论是灯下奋笔疾书，还是翻阅自己的拙著。我都会有一种莫名的兴奋。书房给予我生命中几乎一半时间的光和热，温馨和惬意以及生生不息的生命脉动。书房让我在静静地享受文字的丰润和精美的同时，拥有一片温馨的世界。

2017年11月26日

春到江南

1987年5月,刘晓平在江苏无锡

春到江南,大自然又把风光旖旎的画卷——江南,推向极致。

走在"暮春三月,江南草长,杂花生树,群莺乱飞"的江南,到处都漾散着一股一股鲜嫩的草木气息,花木的新绿、春光的交织、叶片的摇曳、含苞的蓓蕾,让人感到,哪怕你不经意之间,随便撒一粒种子,要不了几天,它就会还你一点新绿,甚至你丢一根枯枝,它也会报以一个生命的微笑,让你感到清明时节的江南,大自然造化的神奇!

行走在小桥流水的江南古镇,最富有诗情画意的是,在起伏绵延的青山和白墙黑瓦的古村落的陪衬下,浣衣的村姑,或一袭雨衣,

2000年5月，蔡六零在江苏无锡

或撑一把花伞，立于溪水之中，那玉腿粉手，清流涟漪，以及耕牛在不远处的田畈上行走，还有那茅屋上飘浮的缕缕炊烟和一阵一阵的犬吠之声。这些画面让人感到时空是一片宁静，岁月就像一条河流，河水清澈，微波轻漾。让走在青石板小路上，一茬又一茬的游人，带着清净、带着悠闲、带着柔情，离开江南。江南也从容地接受了南来北往游客的不同情怀和惊羡的目光。

我从百草园走到三味书屋，走在静静的阳光里，脑海里总是闪现着鲁迅笔下的闰土、祥林嫂、阿Q的形象；从西递到宏村，那斑驳的粉墙、清净的石板小路，走着走着，仿佛走进了"外婆的澎湖湾"；在乌镇，有清澈的溪水为我洗尘、有百年的樟树为我遮凉，然后浸润着水乡的风韵去品味乌镇的千年沧桑；在华山石窟，迷离的洞穴蛊惑着我的情感，尽管我过去游览过"龙宫洞"而华山石窟却叫人难解其谜，激发你无限遐想；还有那见证历史的棠樾牌坊，它

2003年，毕元君在周庄双桥

们凝聚了多少艰辛，蕴含着多少故事，珍藏着多少梦想。今天我们驻足片刻，回首却是往事越千年。

在周庄，如果你偷得浮生半日闲，邀两三知己，在茶楼从午后坐到黄昏，看用毛石磊成的河堤内，艄公撑着长篙、船娘说着吴侬软语或唱着小调，荡着乌篷船向清漪涟涟的远方摇橹而去。会让人想起，"寻梦，撑一支长篙，向青草更青处漫溯"的诗句，而岸上撑着太阳伞的姑娘的倩影，则让人想起窄窄的雨巷，撑着油纸伞的姑娘和戴望舒一见钟情而结着愁肠，消失在颓圮的篱墙。

此情此景，温润着我的记忆，让我想到在杭州西湖边出生的林徽因，她将初恋与喜悦、叹息与幽怨、爱慕与情感，全都酿成"人间的四月天"供人们品尝。自己却化身为燕，去寻觅水乡旧巢，然后在梁间呢喃，在呢喃中萦绕心头的情思喷涌而出："轻轻地，我走了，正如我轻轻地来。"于是，河畔的金柳、波光里的艳影，在游人

2006年5月，毕家祯在西递

2021年4月，毕家祯在淮南淝水之战遗址瓮城

心里荡漾，直到永远。

回眸历史，面对风情万种的江南，康熙帝也不顾国事繁忙，在百忙之中六下江南，有四次在春天。而敏感的诗人则捕捉江南"一笑一颦"把它转化为优美的文字；"小楼一夜听春雨，深巷明朝卖杏花"，使江南水乡最为寻常的风景，成为定格在时空中的经典，让人们每每诵读，都沉浸在清纯、温润、芬芳的意境中。

诉不尽千古风韵，看不赢杏花春雨莺飞草长。多少年来，游人流转，时空变迁，江南依旧。无论是谁，行走在江南的土地上，都会感到江南在古旧的气息中透出一片生机勃勃。让人难以忘怀，西湖的水光潋滟、秦淮河的声色娇媚、扬州风月无边的浪漫情调。

江南，有多少摄影师在你身旁流连忘返，有多少文人骚客因你而灵感勃发，有多少艺术家因你而一展风采……是因为你把许许多多的水乡古镇、小桥流水人家都浓缩成经典，揽入怀中，展示了一幅幅清新靓丽的风景。任凭光阴流逝，你依旧诗情画意地裸露着自

2024年4月，胡开建在安庆振风塔下

己的万古风采！

春到江南，山青了、水绿了、人醉了。山散发着春的芬芳，水荡漾着春的笑靥，人一下子年轻了许多。雨过天晴，起伏的山影，横卧在村外，远远看去，"横看成岭侧成峰""两岸青山相对出"。我站在山前水边，山嵯峨，水碧绿，人怡然。入夜，古村落一片寂静，月亮微微地探出头来，羞涩地从山顶的那边偷偷俯视着村庄，村头的那些古樟树，仰望着月亮。月光的清波里流淌着草木气息。村口那流经山脚、被藤蔓缠绕的沟渠，潺潺的水声，犹如动听的小夜曲，渲染着山区的寂静。

风姿绰约的江南，让我们看到岁月把它滋润得风韵永存。于是那些千百年来妇孺皆知的诗句与江南迷人的风韵一样，深深地镌刻在人们的脑海里："春风又绿江南岸，明月何时照我还""人人尽说江南好，游人只合江南老""日出江花红胜火，春来江水绿如蓝。能不忆江南？"每一位走进江南的人都深深感悟到，江南，是一个安歇疲惫心灵的温馨港湾。

朋友，"江南无所有，聊赠一枝春"。

2024年4月13日星期日

怀念夏天

又是一个夏天过去了。

安庆的夏天长,春秋短。在长达五个多月的夏日里,昼长夜短,晴多雨少。除了"三伏天"有十几天的三十七八度的高温,温度一般都在三十五度上下徘徊。"梅雨季"虽然雨水多,但无论是大雨还是暴雨,都来得快、走得快。雷雨、暴雨为防汛抗洪增加了压力,但湿润的南风携带着江水的气息,让人感到特别的凉爽。

游览桐城文庙(摄于1995年8月)

毕砚（左）从德国、毕元君（右）从美国回故乡后合影，摄于2018年夏

夏天的早晨阳光灿烂，江面上，逐船而飞的白鹭在天水之间划着忽长忽短、忽远忽近的弧线。窗前的假山依然是苔藓绒绒，雀梅和榆树盆景层次分明、绿意盎然。当一缕缕江风，轻轻吹拂我书房的窗幔，带来一阵阵凉爽时，如果撇开防汛抗洪不谈，安庆的夏天，它既有春天的明媚，又有秋天的凉爽。虽然高温几度徘徊，但始终唱不了主角，就像幸福的一家人在一起过日子，怎么都舒服。

台风是时常造访夏天的不速之客，台风的损失是巨大的，但无论什么台风，到达安庆时，已是尾声，它把夏天的炙热和熏蒸全部赶走，把凉爽带给了人们。台风中的每一棵树、每一片叶子都在翩翩起舞，好像是千万个绿色的蝴蝶，在一开一翕地扇动着翅膀，编织着好梦留人睡的意境。让我也感到自己仿佛变成了一只绿色的蝴蝶向那美妙的梦境飞去，去享受伏天里的凉爽之意。

云淡风轻的早晨，让人感到时光流逝似乎比其他几个季节的时间流逝得都要缓慢。我每天清晨5点起床都不为早，等我赶到体育

七哥毕家龙率侄女毕砚全家在上海宴请小叔、小婶（摄于2023年6月）

场时，已经有人完成晨练任务了。可谓是"莫道君行早，更有早行人"。晨练途中，经过锡麟街、健康路，路上静悄悄的，而马路两侧的楼房窗口内不时传来阵阵鼾声，有的像打雷，有的像吹哨。还有年轻母亲哄逗婴儿的歌声。这些声音交织在一起，把寂静凌晨中的声波提高了好几分贝，颇具情趣和美妙之意。

如果把时光拉远一点，儿时的夏天，斗蟋蟀是令人难忘的。在过去大杂院的堂间、厨房、院子、天井里，夏天的夜晚都会听到它的鸣啼，简直是家家户户养在家里的家虫。谁家的小孩不养几只蟋蟀？斗蟋蟀时那种较劲、认真、争强好胜的状态，是每个孩子的共性和天性使然。

有时候为了捉到一只好蟋蟀，孩子们不惜顶着烈日，跑到菱湖公园或大龙山脚下。野外捉的蟋蟀个大，腿粗，声音洪亮，大杂院里捉的蟋蟀往往不是它们的对手，几个回合就败下阵来。斗蟋蟀时

左起：毕元君、钱伟嘉、刘晓平（摄于1995年夏天，桐城龙眠河）

的热闹氛围，常常惹得大人围观，至今想来仍感到童趣无限。可惜，今天城市里高楼林立，蟋蟀的鸣啼已无处可觅了。

儿时夏日的趣事确实多多，更难以忘却的是，小学放暑假的清晨，空气很凉爽，南风阵阵，吹得花盆的枝叶上悬挂着的露珠摇摇欲坠，我伏在小院子的小饭桌上写作业。小院子的窗框上悬挂着母亲为我买的蝈蝈，它全身碧绿如翡翠般小巧玲珑，发出一阵阵的鸣叫，清细脆尖的声音，不但不显得喧闹，反而把大杂院和小院子衬托得更加静谧。

蝈蝈好养，只要把辣椒放在竹笼里，它自己就会觅食，吃饱了它就会在笼子里蹦来蹦去，有时候还抬起一只腿，或伸着脖子，然后歇息在笼子的横档上。

令人叹惋的是，今天的街面上已经基本上看不到有人用小竹笼装着蝈蝈挑着叫卖了。

儿时三伏天的夜晚，大杂院里虫声唧唧，各家栽的花卉飘出缕缕清香，横七竖八的竹凉床上，男人们惬意地躺在上面，摇着蒲扇，望着星空，互相之间说着不着边际的新闻趣事。

有时候，我一觉睡醒，叔叔伯伯们还是谈得津津有味。说到尽兴时大家大笑一番，然后再有一句没一句地闲聊。直到有人发出了微微的鼾声，聊天渐渐平息，整个大杂院里才安静下来。

下半夜露重，有人就悄悄地溜回房间，睡在妻子身旁。有时候妻子叫回家的说话声把我扰醒，看着他们亲昵的身影消失在门洞里，我在朦朦胧胧中又安然睡去。

现在夏天的温度比过去高多了，夏日的夜晚哪里还有露水呢？

这些有趣的往事，在我们这般大年纪人茶余饭后的闲谈中可以觅得。而对于现在的年轻人来说则是鲜有体验的事了。

前几年夏天的夜晚，我经常约几个朋友，在北正街吃大排档。那一盆盆红红火火的大龙虾、一碟碟油爆螺丝米、一盘盘卤猪脚以及牛肉脯、白张鸭、凉拌黄瓜、西红柿炒鸡蛋、油爆花生米等等，色香味俱全的菜肴，让人食欲大增。伴随着一瓶瓶啤酒下肚，天南海北、趣事秘闻，把夜宵的氛围渲染到极

毕元君1995年夏天摄于桐城龙眠河

船在上面行,车在下面跑(摄于2020年7月15日,安庆长江)

致。大家兴致勃勃,菜又上了一番,酒又开了一箱。大家喝得尽兴,吃过大排档的人,方知安庆夏夜的难忘。

当我漫步回家的途中,星光灿烂,空气熏蒸,街面上热闹的人群,在我微醺的眼光中燃烧着生命的激情,就像一朵朵盛开的鲜花,惹人注目。

生活中有许多事,就像江面行船,船后的波浪,总要过后才会觉得美,但生活中,每个人都有自己的经历和记忆。月白风清的春宵、星河灿烂的夏夜、飞彩流溢的中秋、大雪纷飞的寒冬,不同心境的人有着不同的眷恋。

夏天,那些美好的画面,我要永远珍藏,是因为它一旦"发酵",就能酿出美妙的诗句来。

2016年9月25日

故乡的秋

按照通常的时令,每年8月9日前后就立秋了,可是在故乡安庆,等到9月前后,秋才犹如刚刚成熟、亭亭玉立、一脸羞涩的少女缓缓地向我们走来。

安庆属于亚热带季风气候,加上北边有起伏绵延的大龙山呵护,

秋水共长天一色

南边有蜿蜒而去的长江环绕，以及东西长、南北短的地理位置，决定了安庆春秋短冬夏长，因此人们格外珍惜短暂的春秋。因为在一年之中它在人们的生活中逗留的时间太短，没等人们尝透秋的韵味，冬天就一瞬间闯了进来。

外地人要想能感受安庆初秋和深秋的况味，没有经历过三五个秋你是说不出一二三的。

古人说："一叶落而知天下秋。"在安庆城区，等到落叶而知秋，已是9月初。在没有电器的年代，夏天里安庆的人们有句口头禅："扇子是个宝，日日不可少，你热我也热扇子借不得，若要问我借，等到中秋节。"

秋的姗姗来迟，却更加凸显了江畔的秋色更具看点。"碧云天，黄叶地，秋色连波，波上寒烟翠"，渲染了江边的秋来得特别的早、特别的清、特别的润、特别的有趣。

流经市区、约三公里长的江畔，防洪墙上的亭、台、楼、阁、轩、榭、廊、舫等，不但是中老年人休闲的好去处，也是年轻人谈恋爱趋之若鹜的好地方。花好月圆夜，胆子大的少年，携着自己心爱的女友，经过岸边的栈桥，坐在趸船船锚的系桩上，相依相偎、窃窃私语，享受月白风轻，直到东方欲晓。

入秋后，江畔的月亮格外圆、格外亮、格外近，月光如水水如天。岸边树荫下、栏杆边、趸船上以及伸到江水中的观景台都有恋人的身影。浣衣女的棒槌声此起彼落，大有"长安一片月，万户捣衣声"之意趣，其丈夫在旁边吸烟的烟头，忽明忽暗地闪着腥红，在月光下，像萤火虫扑闪扑闪的。

江岸边不时有三三两两纳凉的人影，是那么悠闲。这是江边居住多年的大老爷们，生活的习性仍然保持着往日的那份洒脱。秋风送爽的夜晚，不到江边去看看江水、聊聊天、听听八卦新闻，一天当中似乎有什么事没做。

江畔秋色（笔者摄）

人们喜欢听秋夜江畔渺渺传来的汽笛声，似乎无限的悠远、无限的入耳、无限的安然。它把秋夜的宁静、凉爽、祥和、深沉，全都浓缩在这个美妙的空间，让你乐意沉浸其中。

秋水缠绵地吻着堤岸，就是到了午夜江边的人迹也不少见，在凉爽的夜风中静静地伫立江边，临水观月，静听秋声，的确会让人心情奔放的。

从水面飘来的这份静凉，让人陡生喜欢，就像一个人刚刚有饥饿感，想吃一盘可口的佳肴，顷刻间就心想事成，一个人静静地、美美地品尝时的那份惬意，通体充满着愉悦。

在一瞬间，片刻的愉悦，很快变成朦胧的梦，心中的他老是在眼前晃动，营造出可想而不可即的意象，导致心性波动，是自己不可解的脑波，告诉你与其在神游。那些来自不知何处的夜风凉凉的、润润的、滑滑的，挠得你皮肤痒痒的，恰是时候地挑拨你感到有一

安庆防洪墙上眺望绚丽的夕阳（东西均　摄）

种力量在坚挺、有一种温润在奔涌、有一种交汇在冲突。

你渴望自己扮演一个帅哥美女的角色，此时在一个梦境中闪亮登场，让贾宝玉带你神游太虚幻境，让袭人含羞啐语于你，让整个身心都享受它的妙意。然而这美好的秋意是随着水温风情的波动而变化的，你能在恰如其分的时候感知到它带给你的愉悦，真的是一种享受。

此时此刻城区的霓虹灯、广告牌、路边的灯箱等都在散发着带有温度的光晕，走在闹市区的行人们无不感到热乎乎、汗涔涔。如果在城区你要想觅到秋的踪迹，非要等到凌晨以后，才会在绿化带的花草丛中，感受到那么一点点秋凉的韵味。

不过，有人告诉我，民国时期的大龙山秋色是安庆十大秋景之一。大龙山的秋色来得比较早、比较浓、比较迷人。立秋后大龙山的枫叶就红了，漫山遍野的红叶，还有点缀其间的秋橘、秋菊，在

此文写于女儿家后院

秋阳里如火如血如胭脂。

节假日在半山腰农家乐打牌、喝酒、赏秋。不用三杯两盏也就醉眼蒙眬、心猿意马、有倚红偎翠之渴望了。

据说当年郁达夫只要在安庆,他是逢秋必游大龙山,写下了不少诗文;与之同期的迎江寺的住持懒悟也蹑足其间,笔下有《大龙山秋色图》;还有民国时安徽大学校长刘文典,他也喜欢大龙山秋色,1958年"反右"中被迫害致死,先葬在云南大学的荒山上,1983年才魂归故里,迁回安庆葬于大龙山……这些都是安庆文人骚客茶余饭后的闲话。

也有人提醒我安庆的秋天只适宜在欧阳修的《秋声赋》里低回徘徊,我想欧公笔下有七分萧瑟、三分消沉、十分童子气短,有点凝重。

我喜欢的还是郁达夫《故都的秋》,没有悲戚之感。无论是情、景、意、味，都恰到好处，真的让人"愿意把寿命的三分之二折去，换得一个三分之一的零头"。

秋风起，秋渐深，秋容动客心。我不见家乡的秋已有两个年头了。"何处合成愁，离人身上秋。纵芭蕉，不雨也疏疏。都道晚凉天气好，有明月，怕登楼。"

秋，在任何地方、任何人心目中都是美好的。不过只有自己身临其境的秋，才是最值得歌咏的。

可是想到故乡连续三年的秋都在全民核酸检测中度过，不免杞人忧天，潜藏在心灵深处某个角落的忧虑，一下子冒了出来。滞留异国，就是铁石心肠，也会朝思暮想、意惹情牵，思乡心切，"乡路迢迢何处寻？觉来归梦新"！

仰望苍穹，银河横亘。酒不遣愁，夜不能寐，故乡的秋啊，在我的意念中每一天都是最美丽的风景。

想到我住在江畔有一种得天独厚的专利，有一种妙不可言的意境，有一种天高地回、觉宇宙之无穷的高远，置身于江畔时的我总是习惯性地把"年年今夜，月华如练，长是人千里""但愿人长久，千里共婵娟"的祝愿挂在嘴边脱口而出。

似乎不需要任何思考、任何语言组合、任何理由，就会想到梦中情人，就能抒发清纯的情感，就会牵情系恨，低声浅唱："邀明月来相会，思念的人儿泪长流"。

回首往事，一路走来，朋友之间扯不断理还乱的情愫，陡然之间转化为一种纯粹的相思。因此，心有灵犀者是会有感应的，在"江天一色无纤尘，皎皎空中孤月轮"的江畔，你可以放飞一个美丽而缥缈的梦，与之亲昵而温存的愉悦肯定会潜入梦境。

天凉好个秋啊，好梦留人睡！不怪你梦中传情，秋波荡漾惹我心，只怨新酒又添残酒困，今秋不减前秋梦。

谁能说在异国他乡的我不是当年放飞梦想的幸福者之一呢？

情如水，梦如初。念君遥在江畔月，静思当年情意长。无奈景依旧人在外，空恨月圆归期晚，想到此，秋的韵味在我心中也就更加浓郁了。

　　故乡的秋啊！着人滋味，真个浓似酒。

2022 年 9 月 23 日

冬天

冬天犹如文化底蕴深厚的安庆,厚重、深沉、悠远。

当冬天第一缕寒意触及我的皮肤时,一种润凉的感觉,让我的心里激起了一股莫名的激动。我真真切切地感受到冬天的冷峻、凌峭、沉潜和深沉,让所有的躁动都淹没在沉寂中,让浮躁的心灵得到了抚慰。

冷空气的南下,将雾霾吞噬得干干净净,宇宙清明,天空显得明净高远,大地显得辽阔,空气变得清澈、润凉。这种清明的天气,其他几个季节是不可多见的。

大自然雪景

冬天是以寒冷来体现的,清寒的世界将浑身浸润,内心的纯净是被冷空气过滤,而灵感的闪动会迸发许多诗一样的语言。

一般人会以为冬天的寒冷只会给人带来愁恼和畏缩。其实,冬日的阳光透明温润,让人全身心流淌着温暖,气温温和时常常可以听到鸟雀在枝头叽叽喳喳地欢叫,尽管大自然以萧索唱主角,但院子里依然有着深浅不同的绿叶展示着生命的顽强,以樟树的碧绿尤为最,还有深浅不同的赭色、裸露的树杈以及生机勃勃的冬青,似乎不知道冬季的来临,依然青绿,给冬天增添了些许生气。

集贤路(原大庆路)雪景(摄于2008年)

在冬天的严寒中虽然没有竞相争艳的华丽色彩,但在严寒中展露单一色调的樟树、冬青等,令人感到是那样的亲切,显现出一派达观的姿态。由于绿化美化,城市的花草树木的品种增多,冬天的色调不像我们儿时冬天的况味,一进入冬季是满眼的萧条,看不到一点点绿意，连树林中都只剩下光秃秃的树梢，孤寂地挺立在寒风中发出呼呼的响声。古人讲"严冬不肃杀，何以见阳春"是很有道理的。

冬天的美多少带有萧瑟之意，但目送冬天那矜持的身影一天一天走向深沉、走向沉稳、走向凝重。可以使人超越所有的欲望，安抚躁动的灵魂。从而把你带入一个澄澈的世界。

在冬天，当暝色四起，有时候倏忽间，无形中有一种气息让人沉浸在"晚来天欲雪，能饮一杯无"的氛围中，这种期盼向人们预示着雪花纷飞带来的温馨，同时，又会让人产生多少值得怀念和回忆的东西啊！

谁都记忆犹新，它翩然而来那优美轻盈的舞姿，饮醉了生命的醇酿。尽管它的美是一瞬间的，但不抱怨生命的短暂，最后渗入大地，回归自然，为来年的飘逸"零落成泥碾作尘"，只有美如故。

长江雪景（2022年2月曹新吾摄）

当大地铺上了一层洁白的雪褥，雪地漫步最宜作深思。雪地的静美，足以震撼人心，它不愧是一个伟大的艺术家，它悄然改变了我们的世界，愉悦着我们的心灵。让躁动变为沉稳，让狂妄变为谦逊，让急躁变为冷静。从而使我们变为"尝忘我之为我。"

雪花是美的，美的灵魂，自有不凡的魅力。我想天地之美精妙如斯，大概只有雪花才能孕育。

因此，雪后黄昏无疑是最为凝重的壮美，柳宗元的"千山鸟飞绝，万径人踪灭。孤舟蓑笠翁，独钓寒江雪"的意境，像是一个纤尘不染的神话世界，岂能不摄动万眸而让人神驰意往。此时的我，与渔翁心有灵犀，都浸润在冰清玉洁的世界里。我就是渔翁，渔翁就是我，从而进入清净之地，充满大彻大悟之感。

于是，在白雪皑皑的雪夜，我经常一个人独自走过江畔一个又一个码头，一路上无数的雪花迎面扑来，雪花那种清淡、润凉的气息让我有一种莫名的兴奋。我忽然觉得这江畔的雪景美得如此奇妙，似乎我从来未到过这里。

我把落在袖子上的雪花轻轻一摁，感到雪花是有骨朵的，连续

书房雪景

揾了几次雪花依然粘在衣袖上,让我强烈地感受到它释放出来的是"质本洁来还洁去"的特质,一瞬间转化为我对人格独立和人格崇敬的钟情。

我酷爱在万籁俱静的雪夜,拜读大师的作品,因为让人有身临其境之感。让我们的心灵呈现宁静致远的曼妙;让我们的意念充满清逸、平静、安详;让我们常常对他们笔下描绘的雪夜的宁静、深沉、悠远,有着切身的体验。

我感悟到的"莫说相公痴,更有痴似相公者"。其实是赏雪者,冥冥之中心心相印,他们共同拥有的就是这份淡泊和宁静。与雪为友、与雪为乐,用雪的洁白和澄澈来诠释自己"质本洁来还洁去"的人生理念,就像陆游所说的"零落成泥碾作尘,只有香如故"也

人民路雪景(2022年2月陆平摄于书房)

算是自赏风雅，或者是在履行自己一份厚重的人生契约吧！

下了一夜大雪，江平无云影，梦暖雪生香。雪后的天地是温柔而宁静的。清晨，站在阳台眺望远方，"孤帆远影碧空尽，唯见长江天际流"成了天地间极为别致的点缀，极为静穆的大美，极为靓丽的壮阔。一痕背影，万种风情。一种悠远、浩渺、空明、清净的时空尽收眼底。天地间浸染了一股清新的生气，白雪皑皑的大地，蕴藉着多少灵感，多少诗意，多少美妙。但是有多少人能在"玉骨冰肌"中撷取美，欣赏美，歌咏美呢？

瞬间我想起东坡先生所言"惆怅东栏一株雪，人生看得几清明"。这种心境恐怕是当下我们有些人永远也不会有的吧！

冬天的沉寂是任何季节都不能比拟的，它的沉潜、肃穆、悠远，让我在清寂中感受生命的律动，体味生活的真谛、人生的美好，拒绝尘世的荒寒，做一个清静无为的人。

冬天的美好让我们常常回味雪花飘逸的悠远、清寂和肃穆。今冬的第一场大雪是从昨夜开始下的，整整下了一夜，大地铺上了厚厚的雪褥。在雪花窸窸窣窣的飘落中，我们可以感知其天籁之音，感知绝尘超俗的品格，感知"不要人夸好颜色，只留清气满乾坤"的风骨。

在安庆，清寒漫长的冬季，这场大雪让世界沉寂了，长江寂寥了，城市清闲了。人们有足够的闲情去品味大年将至、雪花纷飞的温馨。可谓是微醺了岁月，净染了红尘。

2018年12月30日

后 记

这是立秋后第一个天高气爽、秋月临窗、秋虫唧唧、秋风缕缕的夜晚。月光的清澈将窗外的一切笼上一层醉人的朦胧。

静静的灯光下,手抚付梓前的《安庆读书人家》的清样,翻阅这些篇章,前景历历在目,令我浮想联翩。

中共中央宣传部原常务副部长龚心瀚的题词,为本书增添了亮点;上海市委宣传部原副部长,《解放日报》原党委书记、总编辑贾树枚作序,起到了画龙点睛的效果;"伪劣文人"的序,渲染了读书的雅趣和妙意。他们字斟句酌,将词意拿捏得恰到好处。

在大师的字里行间品味、琢磨就会感到,他们在逐字逐句的考究之间倾注了对《安庆读书人家》的至真情感,更是为拙著增色匪浅。

在编排过程中,想起小时候父亲向我们推荐阅读丰子恺漫画时,提醒我们说:"读丰子恺漫画和题跋犹如美酒配佳肴,细细品味才能感知其趣味无穷。"

于是我把丰子恺的《护生画集》拿出来细品,确实是诗画皆美,令人感到趣味无穷。

在编辑邵祖贤的积极配合下,《安庆读书人家》中的每一幅照片与文字相互辉映。这细工慢活,犹如是丹青高手使图文并茂的页面瞬间鲜活起来。这不仅显示了历代相传的风情雅趣，同时也体现了中国文人骚客的学识修养。

每一次修改文字和调整照片后，看到新的页面，仿佛可以凭借于此，穿越时光的隧道，回到童年在书香的熏陶、古典文化浸润的氛围中，即使在最枯燥最无奈的日子里，也生活得像个精神贵族，仪态万方。

细阅《安庆读书人家》中的文章和一帧帧珍贵的剪影，这些文字和剪影所蕴藉的文化内涵，业外人士是毫无兴趣的，业内人士却认为很有价值。

正如历史的细碎琐屑，对大多数人来说视如尘芥，但对于专业人士来说，则认为有些东西是时光难以磨灭的，尽管在当时是微不足道的。

正如江面的行船，船头剪开的浪花，总是要在船尾才看到它"卷起千堆雪"的

何启华摄于2017年8月

王金华

壮美。

四个多月来，日日往返于新老城之间，乘车经过同一条线路，去也匆匆，回也匆匆，犹如穿梭在绵延的时间海洋里。沿途的街铺、花圃和建筑在胸中又酿成了一首首美丽的诗篇。在我生活的旅程中，将会镌刻下一段美好的回忆。

难忘入伏后，每天上午冒着高温去安庆市唯美图片社等候公交车时熏蒸的炎热感，全都化成了我对每次修改、调整的热情。坐在公交车上二十分钟的车程中，文章的修改、图片的选用、排版的模式，都在脑海中琢磨、再现、过滤。

有一次竟然在不经意间忘记了下车。这种尴尬的瞬间生活中是常有的。就像当年，陈景润破解"歌德巴赫猜想"时，碰到电线杆还说"对不起"，是不是有那么一点妙出同趣的意味？

由于安庆市唯美图片社在东部新城，空荡荡的街道，很少有行人的踪迹，尽管马路两旁高楼林立，但仍然给人前不着村、后不靠

潘进华在书房

店的感觉。

有时候只有数米之遥，三四十秒之间，公交车却开走了。要是在低谷返程时错过一班公交车，要么转乘，要么等候二十分钟甚至半小时以上。恰如一个人孤零零地面对着书稿，遐想无限时得到的乐趣和深悟。

有时候秋雨绵绵，我干脆收去雨伞，任雨丝掠过面颊，湿润的空气中带来缕缕草木气息，马路两旁高大的写字楼、挺拔的樟树、碧绿的草坪、鲜花盛开的花圃、雨意迷离中飞掠的莺燕，目所能及的景观一下子涌进了眼帘。它是对文学艺术的礼赞，也是展示艺术风范的鲜活典范。

尽管《安庆读书人家》是用时间和汗水雕镂出来的，毕竟是一人之言、一人之见、一人之作，挂一漏万在所难免。若有"摒晁盖于一百零八将之外"，期待在《安庆读书人家（二）》与大家见面。

写到此，天已将明。我循

卢中南在书房

余华章在书房

李耀武摄于书房

着秋天的步履,沿着江畔徐徐而行,秋日清晨的江面就像刚刚分娩的产娘,多了一份宁静与安详,也多了一份耐人寻味的深邃。

静水流深,江面秋风掠起了阵阵涟漪,而浪花舔着江堤发出哗哗的絮语,仿佛是喋喋不休的演讲者,不正在为有心人讲述着安庆读书人家的故事吗?

夏天的喧嚣已退去,秋天的魅力正展示,在这大自然收获的季节,把什么献给你,我的朋友?

如果此时我只能做一件事的话,我想把拙著赠予你,让你从中依稀感受到:

林语堂《读书的艺术》的侃侃而谈、娓娓道来的幽默;

庐隐《异国秋思》的秋绪、秋情、秋愁;

朱自清《背影》的沧桑、深沉和厚重;

季羡林《黄昏》的神秘、恬静、悠远;

……

然后,我们选一个美好的夜晚,品茗论文章,挥笔涂感慨,结一段文字缘,诵一曲心灵谣,在《安庆读书人家》的字里行间欣赏着读书人的风情雅趣……

最后,衷心地感谢在《安庆读书人家》出版的过程中,龚心瀚、贾树枚、胡开建、蔡六零先生和"伪劣文人"的鼎力相助;何启华、

左起：陆平、石楠、毕家祯、刘志伟（摄于2023年国庆节文友聚会）

笔者摄于2016年夏

丁钦壕、卢中南、潘进华、余华章、李耀武、王金华先生的支持；上海大学出版社的精心打造；安庆市唯美图片社的张强、裴善美和编辑邵祖贤的真诚合作；还有何祯辉、代伟、杨坤、石晓红等摄影师的帮助，等等。他们都为该书达到尽尚尽美而不遗余力，鄙人感激之心，言不能尽！

愿岁月静好、身体安康、家庭和睦，是对他们最好的报偿，就算是我虔诚的祝福吧！

2023 年 9 月 23 日